HARRAP'S
VOCABULAIRE
ANGLAIS

HARRAP

Édition publiée en France 2004
par Chambers Harrap Publishers Ltd
7 Hopetoun Crescent, Edinburgh EH7 4AY
Grande-Bretagne

© Chambers Harrap Publishers Ltd 2004

Édition précédente publiée en 1999

Tous droits réservés. Toute reproduction intégrale ou partielle, faite par quelque procédé que ce soit, est soumise à l'autorisation préalable de l'éditeur.

ISBN 0245 50538 5

Dépôt légal : décembre 2003

Maquette et photocomposition : Chambers Harrap Publishers Ltd, Edinburgh

Impression et reliure : G. Canale & C., Italy

Rédactrice
Nadia Cornuau

Coordination éditoriale
Anna Stevenson

Direction éditoriale
Patrick White

Prépresse
Vienna Leigh
Kirsteen Wright

Marques déposées

Les termes considérés comme des marques déposées sont signalés dans cet ouvrage par le symbole ®. Cependant, la présence ou l'absence de ce symbole ne constituent nullement une indication quant à la valeur juridique de ces termes.

Préface

Cet ouvrage a pour but de répondre aux besoins de tous ceux qui apprennent l'anglais et souhaitent acquérir le vocabulaire nécessaire pour s'exprimer à l'écrit ou à l'oral.

Avec plus de 7 000 mots classés en 66 thèmes et des expressions de l'anglais d'aujourd'hui, il représente une véritable mine pour l'enrichissement de votre vocabulaire ; chaque chapitre, divisé en sous-thèmes, vous permettra d'approfondir votre connaissance de la langue dans un domaine précis.

Vous trouverez également à la fin de chaque chapitre une série d'exemples dans lesquels des termes sont mis en contexte, et ce afin d'illustrer leur emploi ou de souligner une éventuelle difficulté linguistique. En outre, certains chapitres sont complétés par des remarques concernant des faux amis, des points de grammaire ou de traduction.

Un index d'environ 2 000 mots, établi en français, vous permettra de trouver sans difficulté le chapitre contenant la traduction du mot recherché.

Cet ouvrage est donc un outil de travail indispensable pour votre succès en anglais.

Les éditions Harrap tiennent à remercier Lexus qui a rédigé l'édition précédente de cet ouvrage.

Abréviations dans le texte :

Am	anglais américain
Br	anglais britannique
Fam	familier
pl	pluriel
qch	quelque chose
qn	quelqu'un
sing	singulier

Table des matières

1	La description des gens	9
2	Les vêtements et la mode	12
3	Les cheveux et le maquillage	19
4	Le corps humain	24
5	Comment vous sentez-vous ?	27
6	La santé, les maladies et les infirmités	29
7	Les mouvements et les gestes	37
8	L'identité	42
9	L'âge	46
10	Le travail et les métiers	48
11	Le caractère et le comportement	57
12	Les émotions	62
13	Les sens	66
14	Les goûts et les préférences	72
15	La vie quotidienne et le sommeil	74
16	Le tabac	78
17	La nourriture	79
18	Les travaux ménagers	89
19	Les achats	93
20	Le sport	97
21	Les loisirs et les passe-temps	103
22	Les médias	108
23	Sortir le soir	111
24	Ma chambre	115
25	La maison	117
26	La ville	123
27	Sur la route	127
28	La nature	135
29	Les animaux	139
30	Quel temps fait-il ?	144
31	La famille et les amis	147

32	L'école et l'éducation	149
33	L'argent	157
34	Les sujets d'actualité	161
35	La politique	164
36	Communiquer	168
37	La correspondance	172
38	Le téléphone	175
39	Les ordinateurs et Internet	178
40	Les salutations et les formules de politesse	180
41	Partir en vacances	182
42	Les chemins de fer	185
43	L'avion	189
44	Les transports en commun	192
45	Les hôtels et les auberges de jeunesse	194
46	Le camping	197
47	Au bord de la mer	199
48	Les termes géographiques	203
49	Les pays, les mers et les montagnes	206
50	Les nationalités	212
51	Les langues	215
52	Les incidents	217
53	Les accidents	219
54	Les catastrophes	223
55	Les crimes	226
56	Les aventures et les rêves	232
57	L'heure	235
58	La semaine	240
59	L'année	242
60	La date	244
61	Les nombres	247
62	Les quantités	250
63	La description des choses	254
64	Les couleurs	258
65	Les matières	260
66	Les directions	263
	Index	265

1 DESCRIBING PEOPLE
LA DESCRIPTION DES GENS

to be	*être*
to have	*avoir*
to look	*avoir l'air*
to seem	*sembler*
to weigh	*peser*
to describe	*décrire*
quite	*assez*
rather	*plutôt*
very	*très*
too	*trop*
a little	*un peu*
description	*description*
appearance	*apparence*
look	*allure, air, aspect*
figure	*silhouette*
height	*taille (hauteur)*
size	*taille (vêtement)*
weight	*poids*
face	*visage*
hair	*cheveux*
beard	*barbe*
moustache, *(Am)* mustache	*moustache*
eyes	*yeux*
nose	*nez*
skin	*peau*
complexion	*teint*
spot	*bouton*
pimple	*bouton*
mole	*grain de beauté*
beauty spot	*grain de beauté, mouche*
freckles	*taches de rousseur*
wrinkles	*rides*
dimples	*fossettes*
glasses	*lunettes*
contact lenses	*lentilles de contact*
young	*jeune*
old	*vieux*

1 Describing People

tall	*grand*
small	*petit*
of average height	*de taille moyenne*
plump	*dodu*
fat	*gros*
obese	*obèse*
thin	*maigre, mince*
skinny	*maigre*
slim	*mince*
muscular	*musclé*
beautiful	*belle*
good-looking	*beau*
handsome	*beau, séduisant (homme)*
attractive	*séduisant*
pretty	*joli*
sweet	*mignon, adorable*
cute	*mignon, adorable*
ugly	*laid*
spotty	*boutonneux*
sun-tanned	*bronzé*
pale	*pâle*
wrinkled	*ridé*
to have... eyes	*avoir les yeux...*
blue	* bleus*
green	* verts*
grey, *(Am)* gray	* gris*
brown	* marron*
hazel	* noisette*
black	* noirs*
right-handed	*droitier*
left-handed	*gaucher*

---

what's he like?
comment est-il ?

how tall are you?
combien mesures-tu ?

how much do you weigh?
combien pèses-tu ?

can you describe her?
pouvez-vous la décrire ?

I'm 5 feet 9 inches (1.75 metres) tall
je mesure ou fais 1,75 mètre

I weigh 11 stone(s) (70 kilos)
je pèse 70 kilos

LA DESCRIPTION DES GENS 1

do you find him attractive?
il te plaît ?

he looks a bit strange
il a l'air un peu bizarre

he's got beautiful eyes
il a de beaux yeux

she has a dark/fair complexion
elle a le teint mat/clair

I'm left-handed but my sister is right-handed
je suis gauchère mais ma sœur est droitière

Remarque :

★ Faux ami : figure signifie "chiffre", "silhouette" ou "personnage", selon le contexte. On ne l'emploie jamais comme traduction de "visage".

★ Alors que, en français, le complément du nom est introduit par la préposition "à", il est introduit en anglais par la préposition with :

the man with the white beard
l'homme à la barbe blanche

a woman with blue eyes
une femme aux yeux bleus

Voir aussi chapitres :

- **2 LES VÊTEMENTS ET LA MODE**
- **3 LES CHEVEUX ET LE MAQUILLAGE**
- **4 LE CORPS HUMAIN**
- **6 LA SANTÉ, LES MALADIES ET LES INFIRMITÉS**
- **63 LA DESCRIPTION DES CHOSES**

2 Clothes and Fashion
Les vêtements et la mode

to dress	s'habiller
to dress up	bien s'habiller, se déguiser
to undress	se déshabiller
to put on	mettre
to take off	enlever
to try on	essayer
to wear	porter
to suit	aller (bien) (aspect)
to fit	aller (bien) (taille)

clothes les vêtements

coat	manteau
fur coat	(manteau de) fourrure
overcoat	pardessus
raincoat	imperméable
anorak	anorak
cagoule *(Br)*	K-way®
bomber jacket	blouson
jacket	veste, blouson
suit	costume (homme), tailleur (femme)
dinner jacket *(Br)*	smoking
tuxedo	smoking
uniform	uniforme
trousers *(Br)*	pantalon
pants *(Am)*	pantalon
combat trousers	(pantalon) battle-dress
bootcut ou bootleg trousers	pantalon trompette
flares *(Br)*	pantalon à pattes d'éléphant
hipsters *(Br)*	pantalon taille basse
ski pants	pantalon de ski
jeans	jean
dungarees *(Br)*	salopette
overalls *(Am)*	salopette
tracksuit	survêtement

LES VÊTEMENTS ET LA MODE 2

shorts	short
dress	robe
evening dress	robe du soir
skirt	jupe
pleated skirt	jupe plissée
mini-skirt	mini-jupe
culottes	jupe-culotte
kilt	kilt
jumper *(Br)*	pull(-over)
sweater	pull
heavy jumper	gros pull
polo neck (jumper)	pull à col roulé
V neck (jumper)	pull à col en V
crew neck (jumper)	(pull) ras-du-cou
waistcoat *(Br)*	gilet (de costume)
vest *(Am)*	gilet (de costume)
cardigan *(Br)*	gilet
cardigan sweater *(Am)*	gilet
shirt	chemise
blouse	chemisier
top	haut
nightdress, *(Fam)* nightie	chemise de nuit
pyjamas, *(Am)* pajamas	pyjama
dressing gown	robe de chambre
bathrobe *(Am)*	robe de chambre
bikini	bikini
swimsuit	maillot de bain (pour femme)
swimming costume *(Br)*	maillot de bain (pour femme)
swimming ou bathing suit *(Am)*	maillot de bain (pour femme)
(swimming) trunks	maillot de bain (pour homme)
pants *(Br)*	slip, culotte, caleçon
panties *(Am)*	culotte
boxer shorts, boxers	caleçon
bra	soutien-gorge
vest *(Br)*	gilet de corps
undershirt *(Am)*	gilet de corps
T-shirt	T-shirt
sweatshirt	sweat-shirt
underskirt	combinaison
petticoat	jupon
suspenders *(Br)*	porte-jarretelles

2 CLOTHES AND FASHION

garter belt *(Am)*	*porte-jarretelles*
stockings	*bas*
tights *(Br)*	*collants*
pantihose *(Am)*	*collants*
socks	*chaussettes*
ankle socks	*socquettes*

footwear les chaussures

shoes	*chaussures*
boots	*bottes*
wellington boots, wellingtons *(Br)*	*bottes (en caoutchouc)*
ankle boots	*chaussures montantes*
knee(-length) boots	*bottes qui montent jusqu'aux genoux*
trainers *(Br)*	*chaussures de sport, baskets*
sneakers *(Am)*	*chaussures de sport, baskets*
gym shoes	*(chaussures de) tennis*
ski boots	*chaussures de ski*
sandals	*sandales*
stilettos	*(chaussures à) talons aiguilles*
espadrilles	*espadrilles*
flip-flops *(Br)*	*tongs*
thongs *(Am)*	*tongs*
slippers	*chaussons*
a pair of	*une paire de*
sole	*semelle*
heel	*talon*
flat heels	*talons plats*
high heels	*talons hauts*
stiletto heels	*talons aiguilles*

accessories les accessoires

hat	*chapeau*
bowler hat *(Br)*	*chapeau melon*
derby *(Am)*	*chapeau melon*
straw hat	*chapeau de paille*
sun hat	*chapeau de soleil*
beret	*béret*
cap	*casquette*
baseball cap	*casquette de base-ball*
shawl	*châle*
scarf	*écharpe*
headscarf	*foulard*

LES VÊTEMENTS ET LA MODE 2

gloves	*gants*
mittens	*moufles*
tie	*cravate*
bow tie	*nœud papillon*
braces *(Br)*	*bretelles*
suspenders *(Am)*	*bretelles*
belt	*ceinture*
collar	*col*
pocket	*poche*
button	*bouton*
cufflinks	*boutons de manchette*
zip *(Br)*	*fermeture Éclair®*
zipper *(Am)*	*fermeture Éclair®*
shoelaces	*lacets*
ribbon	*ruban*
handkerchief	*mouchoir*
umbrella	*parapluie*
handbag *(Br)*	*sac à main*
purse *(Am)*	*sac à main*
shoulder bag	*sac à bandoulière*

jewellery les bijoux

jewel	*bijou*
silver	*argent*
gold	*or*
precious stone	*pierre précieuse*
gem	*gemme, pierre précieuse*
pearl	*perle*
diamond	*diamant*
emerald	*émeraude*
ruby	*rubis*
sapphire	*saphir*
ring	*bague, anneau*
wedding ring	*alliance*
earrings	*boucles d'oreilles*
bracelet	*bracelet*
bangle	*bracelet (rigide)*
brooch	*broche*
necklace	*collier*
chain	*chaîne*
pendant	*pendentif*
watch	*montre*

2 Clothes and Fashion

costume jewellery	*bijoux fantaisie*
gold ring	*bague en or*
pearl necklace	*collier de perles*

size la taille

size	*taille (de vêtement)*
waist	*taille (partie du corps)*
shoe size	*pointure*
collar size	*encolure*
hip measurement	*tour de hanches*
bust ou chest measurement	*tour de poitrine*
waist measurement	*tour de taille*
small	*petit*
medium	*moyen*
large	*grand*
short	*court*
long	*long*
wide	*large*
loose-fitting	*ample*
tight	*étroit*
(too) tight	*juste*
clinging	*moulant*
close-fitting	*bien ajusté*

styles les styles

model	*modèle*
design	*style, modèle*
style	*style*
colour	*couleur, coloris*
shade	*teinte, coloris*
pattern	*motif*
plain	*uni*
printed	*imprimé*
embroidered	*brodé*
check(ed) *(Br)*	*à carreaux*
checkered *(Am)*	*à carreaux*
flowered, flowery	*à fleurs*
with pleats, pleated	*à plis, plissé*
polka-dot	*à pois*
spotted	*à pois*
striped	*à rayures*

LES VÊTEMENTS ET LA MODE 2

elegant	*élégant, chic*
smart	*chic*
formal	*habillé*
casual	*décontracté*
sloppy	*négligé*
simple	*simple*
sober	*sobre*
loud	*voyant*
gaudy	*voyant*
fashionable	*à la mode*
old-fashioned	*démodé*
made-to-measure	*fait sur mesure*
low-cut	*décolleté*

fashion la mode

(winter) collection	*collection (d'hiver)*
clothing industry	*confection*
dressmaking	*couture (artisanale)*
fashion design	*haute couture*
fashion designer	*modéliste, styliste*
dressmaker	*couturier (-ère)*
model	*mannequin*
fashion show	*défilé de mode*

---

cotton/woollen socks
des chaussettes en coton/laine

it's (made of) leather
c'est en cuir

I'd like a skirt that matches this shirt
je voudrais une jupe assortie à cette chemise

what is your size?
quelle est votre taille ?

try it on for size
essayez-le pour voir la taille

what size (of shoes) do you take?
quelle pointure faites-vous ?

I take a size *(Br)* 5 *ou (Am)* 6 (shoe)
je chausse du 38

I need to get changed first
je dois d'abord me changer

he was all dressed up
il était tout endimanché

I can't undo my laces/tie
je n'arrive pas à défaire ou dénouer mes lacets/ma cravate

she always dresses very smartly
elle s'habille toujours avec beaucoup d'élégance

2 CLOTHES AND FASHION

Remarque :

- ★ Attention à ne pas confondre to fit et to suit. Le premier verbe fait référence à la taille tandis que le second s'emploie pour parler de l'aspect, de l'apparence. Comparez :

  this top doesn't fit me, it's too small
  ce haut ne me va pas, il est trop petit

  this red top doesn't suit me
  ce haut rouge ne me va pas

- ★ Les noms anglais au pluriel qui désignent des vêtements composés de deux parties identiques n'ont pas de forme au singulier et doivent être précédés de a pair of si l'on veut mettre l'accent sur leur nombre :

  a pair of trousers
  un pantalon

  two pairs of trousers
  deux pantalons

  this is a nice pair of trousers
  c'est un beau pantalon

  those are nice trousers
  c'est un beau pantalon

  Il en est de même pour pyjamas, shorts, dungarees, pants, etc.

Voir aussi chapitres :

- **14** LES GOÛTS ET LES PRÉFÉRENCES
- **19** LES ACHATS
- **64** LES COULEURS
- **65** LES MATIÈRES

3 Hair and Make-up
Les cheveux et le maquillage

to do one's hair	*se coiffer*
to comb one's hair	*se peigner*
to brush one's hair	*se brosser les cheveux*
to wash one's hair	*se laver la tête* ou *les cheveux*
to condition one's hair	*mettre de l'après-shampoing*
to dye one's hair	*se teindre les cheveux*
to dye one's hair blonde	*se teindre en blond*
to straighten one's hair	*se défriser les cheveux*
to get ou have a haircut	*se faire couper les cheveux*
to get ou have one's hair dyed	*se faire teindre les cheveux*
to get ou have one's hair curled	*se faire friser les cheveux*
to get a perm	*se faire faire une permanente*
to get ou have a blow-dry	*se faire faire un brushing*
to get highlights	*se faire faire des mèches*
to put one's hair up	*relever ses cheveux*
to take one's hair down	*défaire ses cheveux*
to wear one's hair up	*avoir les cheveux attachés*
to cut	*couper*
to trim	*égaliser*
to put one's make-up on	*se maquiller*
to remove ou take off one's make-up	*se démaquiller*
to put on perfume	*se parfumer*
to paint one's nails, to put on nail varnish	*se mettre du vernis à ongles*
to shave	*se raser*
to wax	*s'épiler à la cire*
to pluck one's eyebrows	*s'épiler les sourcils*

hair length/colour la longueur/couleur des cheveux

to have... hair	*avoir les cheveux...*
short	*courts*
long	*longs*
medium-length	*mi-longs*

3 Hair and Make-up

blond	*blonds (clair)*
fair	*blonds*
brown	*bruns*
chestnut	*châtains*
black	*noirs*
red	*roux*
auburn	*auburn*
grey, *(Am)* gray	*gris*
greying, *(Am)* graying	*grisonnants*
white	*blancs*
to be...	*être...*
blond	*blond*
fair-haired	*blond*
dark-haired	*brun*
red-headed	*roux*
auburn	*auburn*
to be bald	*être chauve*

hairstyles les coiffures

to have... hair	*avoir les cheveux...*
curly	*bouclés, frisés*
wavy	*ondulés*
straight	*raides*
fine	*fins*
thick	*épais*
dyed	*teints*
greasy	*gras*
dry	*secs*
to have a crew-cut	*avoir les cheveux en brosse*
(hair)cut	*coupe (de cheveux)*
bob	*coupe au carré*
perm	*permanente*
blow-dry	*brushing*
curl	*boucle*
lock (of hair)	*mèche (de cheveux)*
highlights	*mèches*
fringe *(Br)*	*frange*
bangs *(Am)*	*frange*
ponytail	*queue de cheval*
bun	*chignon*
plait *(Br)*	*tresse, natte*

LES CHEVEUX ET LE MAQUILLAGE 3

braid *(Am)*	tresse, natte
pigtail	tresse, natte
bunches *(Br)*	couettes
comb	peigne
(hair)brush	brosse à cheveux
hairslide *(Br)*	barrette
barrette *(Am)*	barrette
hairpin	épingle à cheveux
roller	bigoudi
tongs	fer à friser
straighteners	défriseur
hot ou styling brush	brosse coiffante
hair dryer	sèche-cheveux
wig	perruque
shampoo	shampoing
anti-dandruff shampoo	shampoing antipelliculaire
conditioner	après-shampoing
styling products	produits coiffants
gel	gel
mousse	mousse
hairspray	laque

make-up   le maquillage

beauty	beauté
face cream	crème de beauté
cleanser	(lait) démaquillant
toner	lotion tonique
moisturizer	crème/lait hydratant(e)
night cream	crème de nuit
eye cream	crème pour les yeux
(facial) scrub	exfoliant
face pack	masque de beauté
powder	poudre
compact	poudrier
foundation	fond de teint
blusher	fard à joues, blush
lipstick	rouge à lèvres
lip gloss	brillant à lèvres
lip pencil	crayon à lèvres
mascara	mascara
eye shadow	ombre à paupières
eye liner	eye-liner

3 HAIR AND MAKE-UP

eyebrow pencil	crayon à sourcils
nail varnish ou polish	vernis à ongles
make-up remover	(produit) démaquillant
nail varnish ou polish remover	dissolvant
perfume	parfum
deodorant	déodorant
body lotion	lait corporel

shaving and hair removal le rasage et l'épilation

beard	barbe
moustache, *(Am)* mustache	moustache
razor	rasoir
electric shaver	rasoir électrique
razor blade	lame de rasoir
shaving brush	blaireau
shaving foam	mousse à raser
after-shave	après-rasage
hair	poils
hair removal	épilation
hair remover	crème dépilatoire
waxing	épilation à la cire
plucking the eyebrows	épilation des sourcils
tweezers	pince à épiler

---

she has ø dandruff
elle a des pellicules

shampoo for dry/greasy hair
shampooing pour cheveux secs/gras

she dyed her hair ø red
elle s'est teint les cheveux en roux

she has had her hair highlighted
elle s'est fait faire des mèches

she wears her hair in a bun
elle porte un chignon

she had a lot of make-up on
elle était très maquillée

LES CHEVEUX ET LE MAQUILLAGE 3

Remarque :

★ La construction "se faire" + infinitif se traduit souvent en anglais par **to have**/**to get** + nom + participe passé :

she's just **had** her legs **waxed**
elle vient de se faire épiler les jambes

I **got** my hair **cut**
je me suis fait couper les cheveux

★ Remarquez aussi l'emploi de l'article possessif anglais là où en français on a un verbe pronominal suivi de l'article défini :

I need to brush **my** hair
il faut que je me brosse les cheveux

★ Attention : **hair** est indénombrable lorsqu'il désigne les cheveux ou bien les poils en général. Il faut donc un verbe au singulier :

my hair **is** a mess   your hair **looks** nice
je suis vraiment mal coiffé   *tu es bien coiffée*

4 THE HUMAN BODY
LE CORPS HUMAIN

parts of the body les parties du corps

head	tête
neck	cou
throat	gorge
nape (of the neck)	nuque
shoulder	épaule
chest	poitrine
bust	buste, poitrine
breasts	seins
stomach	ventre
back	dos
arm	bras
elbow	coude
hand	main
wrist	poignet
fist	poing
finger	doigt
little finger	auriculaire
third ou ring finger	annulaire
middle finger	majeur
index finger	index
thumb	pouce
nail	ongle
waist	taille
hip	hanche
bottom	derrière
buttocks	fesses
leg	jambe
thigh	cuisse
knee	genou
calf	mollet
ankle	cheville
foot (pl feet)	pied
heel	talon
toe	orteil
organ	organe
limb	membre

LE CORPS HUMAIN 4

muscle	*muscle*
skin	*peau*
flesh	*chair*
blood	*sang*
vein	*veine*
artery	*artère*
bone	*os*
skeleton	*squelette*
spine	*colonne vertébrale*
rib	*côte*
heart	*cœur*
lung	*poumon*
digestive system	*appareil digestif*
stomach	*estomac*
liver	*foie*
kidney	*rein*
bladder	*vessie*

the head la tête

skull	*crâne*
brain	*cerveau*
hair	*cheveux*
face	*visage*
features	*traits*
forehead	*front*
brow	*front*
eyebrow	*sourcil*
eyelash	*cil*
eye	*œil*
eyelid	*paupière*
pupil	*pupille*
nose	*nez*
nostril	*narine*
cheek	*joue*
cheekbone	*pommette*
temple	*tempe*
jaw	*mâchoire*
mouth	*bouche*
lips	*lèvres*
tongue	*langue*
tooth *(pl* teeth*)*	*dent*
milk tooth	*dent de lait*
wisdom tooth	*dent de sagesse*
chin	*menton*
double chin	*double menton*

4 THE HUMAN BODY

dimple	fossette
ear	oreille
ear lobe	lobe de l'oreille

> he's got a pug nose
> *il a le nez camus*
>
> he has prominent ou high cheekbones
> *il a les pommettes saillantes*
>
> he has delicate/coarse features
> *il a les traits fins/grossiers*
>
> he clenched his fist and hit him in the face/stomach
> *il serra le poing et le frappa au visage/dans le ventre*

Voir aussi chapitres :

    6   LA SANTÉ, LES MALADIES ET LES INFIRMITÉS
    7   LES MOUVEMENTS ET LES GESTES

5 How are you feeling? Comment vous sentez-vous ?

to feel	se sentir
to be...	avoir...
warm	chaud
hot	(très) chaud
roasting *(Fam)*	très chaud
cold	froid
freezing *(Fam)*	très froid
hungry	faim
ravenous	une faim de loup
thirsty	soif
sleepy	sommeil
starving *(Fam)*	affamé
(very) fit	en (pleine) forme
on (top) form	en (pleine) forme
strong	fort
tired	fatigué
exhausted	épuisé, exténué
worn-out	épuisé, éreinté
lethargic	léthargique
weak	faible
frail	fragile, frêle
healthy	sain, bien portant
in good health	en bonne santé
sick	malade
ill	malade
awake	éveillé
alert	alerte, éveillé
agitated	agité
half-asleep	mal réveillé
asleep	endormi
soaked	trempé
frozen	gelé
too	trop
totally	complètement

5 How are you Feeling?

he looks tired *il a l'air fatigué*	he's on top form *il est en pleine forme*
I feel weak *je me sens faible*	I feel ill *je ne me sens pas bien*
I'm too hot *j'ai trop chaud*	I'm roasting ou sweltering! *je crève de chaud !*
I'm freezing! *je suis gelé !*	I'm starving! *je meurs de faim !*
I'm exhausted *je tombe de fatigue*	I'm worn-out *je suis à bout de forces*
I've had enough *je n'en peux plus*	I feel sleepy *j'ai envie de dormir*

Voir aussi chapitre :

6   La santé, les maladies et les infirmités

6 Health, Illnesses and Disabilities
La santé, les maladies et les infirmités

to be...	aller...
well	bien
unwell	mal
ill	mal
better	mieux
worse	moins bien, plus mal
to fall ill	tomber malade
to catch	attraper
to have...	avoir...
a sore stomach	mal à l'estomac
a sore throat	mal à la gorge
a headache	mal à la tête
backache	mal au dos
earache	mal aux oreilles
toothache	mal aux dents
to have one's period	avoir ses règles
to feel sick	avoir mal au cœur
to be/feel seasick	avoir le mal de mer
to be in pain	souffrir
to suffer (from)	souffrir (de)
to have a cold	être enrhumé
to have a heart condition	être cardiaque
to break one's leg/arm	se casser la jambe/le bras
to sprain one's ankle	se fouler la cheville
to hurt one's hand	se faire mal à la main
to hurt one's back	se faire mal au dos
to hurt	faire mal, blesser
to bleed	saigner
to vomit	vomir
to cough	tousser
to sneeze	éternuer
to sweat	transpirer
to shake	trembler
to shiver	frissonner
to have a temperature ou fever	avoir de la fièvre

6 Health, Illnesses and Disabilities

to faint	s'évanouir
to collapse	s'évanouir
to be in a coma	être dans le coma
to have a relapse	faire une rechute
to treat	soigner
to nurse	soigner, s'occuper de (invalide)
to tend	soigner
to look after	s'occuper de
to call	appeler
to send for	faire venir
to make an appointment	prendre rendez-vous
to examine	examiner
to advise	conseiller
to prescribe	prescrire
to operate	opérer
to have an operation	se faire opérer
to have one's tonsils taken out	se faire opérer des amygdales
to X-ray	radiographier
to dress a wound	panser une plaie
to need	avoir besoin de
to take	prendre
to rest	se reposer
to be convalescing	être en convalescence
to heal	guérir
to recover	se remettre
to be on a diet	être au régime
to lose weight	maigrir
to put on weight	grossir
to swell	enfler, gonfler
to become infected	s'infecter
to get worse	empirer
to die	mourir
to give birth	accoucher
ill	malade
sick	malade
unwell	souffrant
weak	faible
cured	guéri
in good health	en bonne santé
alive	vivant
allergic to	allergique à
anaemic, (Am) anemic	anémique

LA SANTÉ, LES MALADIES ET LES INFIRMITÉS 6

diabetic	*diabétique*
constipated	*constipé*
painful	*douloureux*
contagious	*contagieux*
serious	*grave*
infected	*infecté*
swollen	*enflé, gonflé*
broken	*cassé*
sprained	*foulé*

pregnancy la grossesse

period	*règles*
sanitary *(Br)* towel ou *(Am)* napkin	*serviette hygiénique*
tampon	*tampon*
pregnant	*enceinte*
labour, *(Am)* labor	*travail, accouchement*
childbirth	*accouchement*
miscarriage	*fausse couche*
abortion	*avortement*

illnesses les maladies

disease	*maladie*
pain	*douleur*
epidemic	*épidémie*
fit	*crise*
attack	*crise*
wound	*blessure, plaie*
sprain	*entorse*
fracture	*fracture*
haemorrhage, *(Am)* hemorrhage	*hémorragie*
bleeding	*saignement*
fever	*fièvre*
temperature	*fièvre, température*
cough	*toux*
pulse	*pouls*
breathing	*respiration*
blood	*sang*
blood group	*groupe sanguin*
blood pressure	*tension*
abscess	*abcès*
AIDS	*sida*
appendicitis	*appendicite*
arthritis	*arthrite*

6 HEALTH, ILLNESSES AND DISABILITIES

asthma	asthme
bronchitis	bronchite
cancer	cancer
chickenpox	varicelle
cold	rhume
concussion	commotion cérébrale
constipation	constipation
diarrhoea, *(Am)* diarrhea	diarrhée
epilepsy	épilepsie
epileptic fit	crise d'épilepsie
flu	grippe
German measles	rubéole
hay fever	rhume des foins
headache	mal/maux de tête
heart attack	crise cardiaque
hernia	hernie
indigestion	indigestion
infection	infection
leukaemia, *(Am)* leukemia	leucémie
measles	rougeole
migraine	migraine
mumps	oreillons
nervous breakdown	dépression nerveuse
pneumonia	pneumonie
rabies	rage
rheumatism	rhumatismes
rickets	rachitisme
shingles	zona
smallpox	variole
stroke	attaque
sunstroke	insolation
TB	tuberculose
throat infection	angine
typhoid	typhoïde
ulcer	ulcère
upset stomach	crise de foie
whooping cough	coqueluche

 the skin la peau

burn	brûlure
cut	coupure
scratch	égratignure
bite	morsure, piqûre *(d'insecte)*
itch	démangeaisons
rash	éruption

LA SANTÉ, LES MALADIES ET LES INFIRMITÉS 6

acne	*acné*
spots	*boutons*
wart	*verrue*
corn	*cor au pied*
blister	*ampoule*
bruise	*bleu*
scar	*cicatrice*
sunburn	*coup de soleil*

treatment les soins

medicine	*médecine*
hygiene	*hygiène*
health	*santé*
contraception	*contraception*
(course of) treatment	*traitement, soins*
health care	*soins*
first aid	*premiers soins*
hospital	*hôpital*
clinic	*clinique*
doctor's *(Br)* surgery ou *(Am)* office	*cabinet médical*
emergency	*urgence*
ambulance	*ambulance*
stretcher	*brancard*
plaster cast	*plâtre*
crutches	*béquilles*
operation	*opération*
anaesthetic, *(Am)* anesthetic	*anesthésie*
blood transfusion	*transfusion sanguine*
X-ray	*radio(graphie)*
diet	*régime*
consultation	*consultation*
appointment	*rendez-vous*
prescription	*ordonnance*
convalescence	*convalescence*
relapse	*rechute*
recovery	*guérison*
death	*mort*
doctor	*médecin, docteur*
duty doctor	*médecin de garde*
specialist	*spécialiste*
consultant	*médecin spécialiste, consultant*
nurse	*infirmière*
(male) nurse	*infirmier*
patient	*malade, patient*

6 Health, Illnesses and Disabilities

medication les médicaments

medicine	*médicament*
pharmacy	*pharmacie*
chemist's *(Br)*	*pharmacie*
antibiotics	*antibiotiques*
painkiller	*calmant, analgésique*
aspirin	*aspirine*
tranquilizer, *(Am)* tranquilizer	*calmant*
sleeping tablet	*somnifère*
laxative	*laxatif*
tonic	*fortifiant*
vitamins	*vitamines*
cough mixture	*sirop pour la toux*
tablet	*cachet, comprimé*
lozenge	*pastille*
pastille	*pastille*
(contraceptive) pill	*pilule (contraceptive)*
mini-pill	*minipilule*
drops	*gouttes*
antiseptic	*désinfectant*
ointment	*pommade*
cotton wool *(Br)*	*coton hydrophile*
absorbent cotton *(Am)*	*coton hydrophile*
plaster *(Br)*	*pansement, plâtre*
bandage	*bande, pansement*
dressing	*pansement*
sticking plaster *(Br)*	*sparadrap, pansement adhésif*
Band-Aid® *(Am)*	*sparadrap, pansement adhésif*
injection	*piqûre*
vaccination	*vaccin*

at the dentist's chez le dentiste

tooth *(pl teeth)*	*dent*
dental *(Br)* surgery ou *(Am)* office	*cabinet dentaire*
dentures	*dentier*
decay	*carie*
extraction	*extraction*
false teeth	*dentier*
filling	*plombage*
mouth ulcer	*aphte*
plaque	*plaque dentaire*

LA SANTÉ, LES MALADIES ET LES INFIRMITÉS 6

disabilities les infirmités

disabled	*handicapé*
mentally handicapped	*handicapé mental*
to have Down's syndrome	*être trisomique*
blind	*aveugle*
colour-blind	*daltonien*
short-sighted	*myope*
long-sighted	*presbyte*
hard of hearing	*dur d'oreille*
hearing-impaired	*malentendant*
deaf	*sourd*
deaf-mute	*sourd-muet*
crippled	*infirme*
lame	*boiteux*
handicapped person	*handicapé*
spastic	*handicapé moteur*
mentally handicapped person	*handicapé mental*
blind person	*aveugle*
disabled person	*infirme*
stick	*canne*
cane	*canne*
wheelchair	*fauteuil roulant*
hearing aid	*appareil acoustique*
glasses	*lunettes*
contact lenses	*lentilles de contact*

I feel sick
j'ai envie de vomir

I feel dizzy
j'ai la tête qui tourne

where does it hurt?
où avez-vous mal ?

my foot hurts
j'ai mal au pied

my eyes are sore
j'ai mal aux yeux

it's nothing serious
ce n'est rien de grave

I took my temperature
j'ai pris ma température

he's got a temperature of 101
il a 38 de fièvre

I have a stuffed-up ou blocked/runny nose
j'ai le nez bouché/qui coule

I have a nosebleed
je saigne du nez

he checked my blood pressure
il a pris ma tension

6 HEALTH, ILLNESSES AND DISABILITIES

> have you got anything for a dry cough?
> *avez-vous quelque chose contre la toux sèche ?*
>
> she had an eye operation
> *elle s'est fait opérer de l'œil*
>
> he's in a coma
> *il est dans le coma*
>
> he gave/received ø first aid
> *il a donné/reçu les premiers soins*

Remarque :

- ★ Certains noms de maladies se terminant par ce qui semble être le -s du pluriel sont indénombrables : measles, mumps, rabies, rickets, shingles, etc. :

    mumps is not a life-threatening disease
    les oreillons ne sont pas une maladie mortelle

- ★ Flu (*grippe*) est la forme courante du terme plus soutenu influenza.

Voir aussi chapitre :

4 LE CORPS HUMAIN

7 Movements and Gestures
Les mouvements et les gestes

comings and goings — les allées et venues

to go	aller
to appear	apparaître
to arrive	arriver
to go on	continuer
to run	courir
to pass	dépasser, croiser
to go/come down(stairs)	descendre (les escaliers)
to get off	descendre de (train, bus, etc.)
to disappear	disparaître
to go/come in(to)	entrer dans
to rush in	entrer précipitamment
to be rooted to the spot	être figé sur place
to pace up and down	faire les cent pas
to go for a walk	faire une promenade
to belt along *(Br)*	foncer
to slide (along)	glisser
to walk	marcher
to stride	marcher à grands pas
to walk backwards	marcher à reculons
to go up(stairs)	monter (les escaliers)
to get on	monter dans (train, bus, etc.)
to go away	partir, s'en aller
to rush away	partir précipitamment
to go past	passer (devant)
to go through	passer par
to move back	reculer
to go/come back down	redescendre
to go/come back up	remonter
to set off again	repartir
to go/come back (in/home)	rentrer
to go/come back out	ressortir
to stay, to remain	rester

7 MOVEMENTS AND GESTURES

to return	retourner
to come back	revenir
to hop	sautiller, sauter (à cloche-pied)
to jump	sauter
to stop	s'arrêter
to go for a stroll	se balader
to hide	se cacher
to go to bed	(aller) se coucher
to lie down	s'étendre, se coucher
to hurry	se dépêcher
to set off	se mettre en route
to come/go out (of)	sortir (de)
to follow	suivre
to appear suddenly	surgir
to stagger	tituber
to dawdle	traîner
to hang about	traîner, rôder, errer
to cross	traverser
to trip	trébucher
to come	venir
arrival	arrivée
beginning	début
departure	départ
end	fin
entrance	entrée
exit, way out	sortie
return	retour
crossing	traversée
rest	repos
step	pas
stroll	balade, promenade, tour
walk	promenade, balade
walking	marche
jump	saut
start	sursaut
stealthily	à pas feutrés ou de loup
at a trot/run	au pas de course

actions les actions

to catch	attraper
to close	fermer

LES MOUVEMENTS ET LES GESTES 7

to drag	*tirer, traîner*
to drop	*laisser tomber*
to fetch	*aller chercher*
to finish	*finir*
to get up	*se lever (du lit)*
to give a start	*sursauter*
to hang on to	*se cramponner à*
to hide	*cacher*
to hit	*frapper*
to hold	*tenir*
to hold tight	*tenir bon, serrer*
to kneel down	*s'agenouiller*
to knock	*frapper*
to lean	*se pencher*
to lean (against/on)	*s'appuyer (contre/sur)*
to lean one's elbows on	*s'accouder à*
to lean over	*se pencher en avant*
to lie down	*s'allonger*
to lift	*lever*
to lower	*baisser*
to move	*bouger*
to open	*ouvrir*
to place	*mettre, placer, disposer*
to pull	*tirer*
to push	*pousser*
to put	*mettre*
to put down	*poser*
to raise	*lever, élever*
to remove	*enlever*
to (have a) rest	*se reposer*
to sit down	*s'asseoir*
to squat down	*s'accroupir*
to squeeze	*serrer, presser*
to stand up	*se lever*
to start	*commencer, sursauter*
to start again	*recommencer*
to stoop	*se baisser*
to stretch out	*s'étendre*
to take	*prendre*
to throw	*lancer*
to throw away	*jeter*
to touch	*toucher*
to turn round	*se retourner*

7 MOVEMENTS AND GESTURES

postures les positions

sitting	*assis*
seated	*assis*
standing	*debout*
leaning	*penché*
leaning (on/against)	*appuyé (sur/contre)*
leaning on one's elbows	*accoudé*
hanging	*suspendu*
squatting	*accroupi*
kneeling	*agenouillé*
on one's knees	*à genoux*
lying down	*allongé*
lying face down	*à plat ventre*
lying on one's back	*sur le dos*
lying stretched out	*étendu*
on all fours	*à quatre pattes*

gestures les gestes

to blink	*cligner des yeux*
to frown	*froncer les sourcils*
to giggle	*ricaner*
to (cast a) glance at	*jeter un coup d'œil à*
to kick	*donner un coup de pied à*
to laugh	*rire*
to look down	*baisser les yeux*
to look up	*lever les yeux*
to lower one's eyes	*baisser les yeux*
to make a face	*faire une grimace*
to make a sign	*faire un signe*
to nod (one's head)	*hocher la tête (affirmatif)*
to point at	*montrer du doigt*
to punch	*donner un coup de poing à*
to raise one's eyes	*lever les yeux*
to shake one's head	*hocher la tête (négatif)*
to shrug (one's shoulders)	*hausser les épaules*
to slap	*donner une gifle à*
to smile	*sourire*
to wink	*faire un clin d'œil*
to yawn	*bâiller*
giggle	*ricanement*
glance	*coup d'œil*
grimace	*grimace*
kick	*coup de pied*

LES MOUVEMENTS ET LES GESTES 7

laugh	*rire*
movement	*mouvement*
nod	*hochement de tête (affirmatif)*
punch	*coup de poing*
shrug	*haussement d'épaules*
sign	*signe*
signal	*signal*
slap	*gifle*
smile	*sourire*
wink	*clin d'œil*
yawn	*bâillement*

---

throw the ball
lance la balle

throw it away
jette-le

he went for a walk
il est parti se promener

I walk to school
je vais au collège à pied

he ran downstairs
il est descendu en courant

she ran across the street
elle a traversé la rue en courant

he rushed in
il est entré à toute allure

he staggered in
il est entré en titubant

Remarque :

★ Les verbes composés anglais ou verbes à particules (en anglais "phrasal verbs") ne décrivent pas l'action de la même façon qu'en français. La manière est exprimée par le verbe, et la direction, par la particule (en français, c'est le verbe qui exprime la direction) :

I ran out
je suis sorti en courant

★ L'expression to give a start peut s'employer de manière intransitive :

he gave a start
il a sursauté

ou de manière transitive (avec un complément d'objet indirect) :

he gave me a start
il m'a fait sursauter ou *fait peur*

8 IDENTITY L'IDENTITÉ

name le nom

to name	*nommer*
to christen	*baptiser*
to baptize	*baptiser*
to call	*appeler*
to be called	*s'appeler, se nommer*
to nickname	*surnommer*
to sign	*signer*
to spell	*épeler*
identity	*identité*
signature	*signature*
name	*nom*
surname	*nom de famille*
last name	*nom de famille*
first name	*prénom*
middle name	*deuxième prénom*
maiden name	*nom de jeune fille*
nickname	*surnom*
pet name	*petit nom*
initials	*initiales*
Mr Martin	*M. Martin*
Mrs Martin	*Mme Martin*
Miss Martin	*Mlle Martin*
Ms Martin	*Mme Martin (femme mariée ou non)*
gentlemen	*Messieurs*
ladies	*Mesdames, Mesdemoiselles*

sex le sexe

woman	*femme*
lady	*dame*
girl	*fille*
man	*homme*
gentleman	*monsieur*
boy	*garçon*
masculine	*masculin*
feminine	*féminin*

L'IDENTITÉ 8

male	de sexe masculin, homme
female	de sexe féminin, femme

marital status l'état civil

to marry	épouser
to get married (to)	se marier (avec)
to get engaged	se fiancer
to get divorced ou a divorce	divorcer
to break off one's engagement	rompre ses fiançailles
single	célibataire
unmarried	célibataire
married	marié
engaged	fiancé
divorced	divorcé
separated	séparé
widowed	veuf
husband	époux, mari
wife	épouse, femme
ex-husband	ex-mari
ex-wife	ex-femme
fiancé	fiancé
fiancée	fiancée
partner	conjoint(e), ami(e)
bridegroom	marié
bride	mariée
newly-weds	jeunes mariés
widower	veuf
widow	veuve
orphan	orphelin
ceremony	cérémonie
birth	naissance
christening	baptême
baptism	baptême
death	mort
funeral	enterrement
wedding	mariage
engagement	fiançailles
divorce	divorce
to be born	naître
to die	mourir

8 IDENTITY

address l'adresse

to live	vivre, habiter, loger
to rent	louer (donner/prendre en location)
to let (Br)	louer (donner en location)
to share	partager
to cohabit	vivre maritalement
address	adresse
home address	domicile
floor	étage
storey, (Am) story	étage
postcode (Br)	code postal
zip code (Am)	code postal
number	numéro
(tele)phone number	numéro de téléphone
telephone directory	annuaire
owner	propriétaire
landlord	propriétaire, logeur
landlady	propriétaire, logeuse
tenant	locataire
flatmate (Br)	colocataire
roommate (Am)	colocataire
neighbour, (Am) neighbor	voisin
in/to town	en ville
in the suburbs	en banlieue
in the country	à la campagne

religion la religion

Catholic	catholique
Protestant	protestant
Anglican	anglican
Muslim	musulman
Jewish	juif
atheist	athée

---

what is your name?
comment t'appelles-tu ?

my name is Richard Johnson
je m'appelle Richard Johnson

what is your first name?
quel est ton prénom ?

her name is Mary
elle s'appelle Mary

L'IDENTITÉ 8

how do you spell that?
ça s'écrit comment ?

where do you live?
où habites-tu ?

I live in Durham/in England
j'habite à Durham/en Angleterre

I'm living at Gerry's
je vis chez Gerry

it's on the third floor
c'est au troisième étage

I live in Broughton Street/at 27, Lothian Road
j'habite dans Broughton Street/au 27, Lothian Road

the landlord rents it out to me for £150
le propriétaire me le loue pour 150 livres

we rented the flat from a student who was going abroad for a year
on a loué l'appartement à un étudiant qui partait à l'étranger pour un an

Remarque :

★ Remarquez l'emploi du génitif (-'s) sans nom pour traduire "chez" :

I'm living at Gerry's (sous-entendu at Gerry's place/flat/house, etc.)

★ Contrairement au français où l'on met le présent devant "depuis" si l'action est toujours en cours, on emploie en anglais le "present perfect" (to have + participe passé) ou le "present perfect progressif" (to have been + participe présent) :

I've lived ou I've been living here for two years/since 2001
j'habite ici depuis deux ans/2001

Remarquez que "depuis" se traduit par for devant un nombre, c'est-à-dire lorsqu'il s'agit d'une période de temps, mais par since lorsque l'on fait référence à un moment précis dans le temps.

Voir aussi chapitre :

31 LA FAMILLE ET LES AMIS

9 Age L'âge

young	jeune
old	vieux
elderly	âgé
age	âge
birth	naissance
life	vie
youth	jeunesse
adolescence	adolescence
old age	vieillesse, troisième âge
date of birth	date de naissance
birthday	anniversaire
baby	bébé
toddler	tout-petit (qui fait ses premiers pas)
child	enfant
teenager	adolescent(e)
adult	adulte
grown-up	grande personne
young person	jeune
young people	jeunes
young woman	jeune femme
young man	jeune homme
boy	(petit) garçon/jeune garçon
girl	(petite) fille/jeune fille
old person	personne âgée
old woman	vieille femme
old man	vieil homme
old people	personnes âgées, vieillards
retired person	retraité(e)
pensioner *(Br)*	retraité(e)
senior citizen	personne âgée

L'ÂGE 9

how old are you? *quel âge as-tu ?*	I'm 20 (years old) *j'ai vingt ans*
when were you born? *quelle est ta date de naissance ?*	on the first of March ou *(Am)* March first 1960 *(c'est) le premier mars 1960*
what year were you born in? *en quelle année êtes-vous né ?*	I was born in Brighton in 1968 *je suis né à Brighton en 1968*
a middle-aged man *un homme d'un certain âge*	a woman of about thirty *une femme d'une trentaine d'années*

Remarque :

★ En anglais, lorsqu'un nom fait partie d'un syntagme adjectival, il ne prend pas de -s au pluriel :

a girl of eight (= eight years old) → an eight-year-old girl
une fille de huit ans

a baby of twelve months (= twelve months old) → a twelve-month-old baby
un bébé de douze mois

★ Young, old et elderly sont des adjectifs qui peuvent s'employer comme noms pluriels collectifs (qui représentent un ensemble d'individus). Mais pour désigner une ou plusieurs personnes en particulier, on doit ajouter man, woman, person, etc. selon le cas :

the young	the old	the elderly
les jeunes	*les vieux*	*les personnes âgées*

these young men
ces jeunes gens

she's an old lady
c'est une vieille dame

an elderly person
une personne du troisième âge

10 WORK AND JOBS
LE TRAVAIL ET LES MÉTIERS

to work	travailler
to intend to	avoir l'intention de
to become	devenir
to be interested in	s'intéresser à
to study	faire des études
to go on a course	suivre une formation
to be ambitious	avoir de l'ambition
to have experience	avoir de l'expérience
to lack experience	manquer d'expérience
to be unemployed	être sans emploi, au chômage
to be on the dole *(Br, Fam)*	être au chômage
to look for work	chercher un emploi
to apply for a job	faire une demande d'emploi
to reject	refuser
to accept	accepter
to take on	engager, embaucher
to find a job	trouver un emploi/du travail
to be successful	réussir
to earn	gagner, toucher
to earn a living	gagner sa vie
to get	toucher
to pay	payer
to take a holiday *(Br)*	prendre des vacances
to take a day off	prendre un jour de congé
to lay off	licencier (pour raisons économiques)
to make someone redundant *(Br)*	licencier quelqu'un (pour raisons économiques)
to dismiss	licencier, renvoyer (pour faute professionnelle, etc.)
to fire *(Fam)*	virer
to sack *(Br, Fam)*	virer
to resign	démissionner
to leave	quitter
to retire	prendre sa retraite
to be on strike	être en grève
to go on strike	se mettre en grève
to strike	être/se mettre en grève
difficult	difficile

Le travail et les métiers 10

easy	*facile*
interesting	*intéressant*
exciting	*passionnant*
boring	*ennuyeux*
dangerous	*dangereux*
important	*important*
useful	*utile*

people at work les professions

accountant	*comptable*
actor/actress	*acteur (-trice)*
advisor	*conseiller (-ère)*
air hostess	*hôtesse de l'air*
ambulance driver	*ambulancier (-ère)*
architect	*architecte*
army officer	*officier (de l'armée de terre)*
artist	*artiste*
astronaut	*astronaute*
astronomer	*astronome*
baker	*boulanger (-ère)*
bank clerk	*employé(e) de banque*
bookseller	*libraire*
bricklayer	*maçon*
builder	*maçon, entrepreneur*
bus driver	*conducteur (-trice) d'autobus*
businessman	*homme d'affaires*
businesswoman	*femme d'affaires*
butcher	*boucher (-ère)*
careers adviser	*conseiller (-ère) d'orientation*
caretaker	*concierge*
carpenter	*charpentier*
cartoonist	*dessinateur (-trice) humoristique*
chambermaid	*femme de chambre*
chemist *(Br)*	*pharmacien(ne)*
civil servant	*fonctionnaire*
cleaner	*femme de ménage*
comedian	*comédien(ne)*
computer programmer	*programmeur (-euse)*
computer scientist	*informaticien(ne)*
confectioner	*pâtissier (-ère)*
cook	*cuisinier (-ère)*
counsellor, *(Am)* counselor	*conseiller (-ère)*
customs officer	*douanier (-ère)*
dealer	*négociant(e), fournisseur, concessionnaire*
decorator	*décorateur (-trice)*

10 WORK AND JOBS

delivery man	*livreur*
dentist	*dentiste*
director	*directeur (-trice)*
doctor	*médecin*
dressmaker	*couturier (-ère)*
driver	*conducteur (-trice)*
dustman *(Br)*	*éboueur*
electrician	*électricien(ne)*
employee	*employé(e)*
engineer	*ingénieur*
estate agent *(Br)*	*agent immobilier*
executive	*cadre*
farmer	*agriculteur (-trice)*
fashion designer	*styliste, couturier (-ère)*
firefighter	*pompier*
fireman *(Br)*	*pompier*
fisherman	*pêcheur*
fishmonger *(Br)*	*poissonnier (-ère)*
florist	*fleuriste*
foreman	*contremaître*
furniture dealer	*marchand(e) de meubles*
garage mechanic	*mécanicien(ne)*
garage owner	*garagiste*
garbage man *(Am)*	*éboueur*
gardener	*jardinier (-ère)*
graphic designer	*dessinateur (-trice) de publicité*
grocer	*épicier (-ère)*
hairdresser	*coiffeur (-euse)*
head teacher	*directeur (-trice) (d'école)*
inspector	*contrôleur (-euse), inspecteur (-trice)*
instructor	*moniteur (-trice)*
interpreter	*interprète*
janitor	*concierge, gardien(ne)*
jeweller, *(Am)* jeweler	*bijoutier (-ère)*
journalist	*journaliste*
judge	*juge*
labourer, *(Am)* laborer	*ouvrier (-ère), manœuvre*
lawyer	*avocat(e)*
lecturer	*enseignant(e) du supérieur*
lorry driver *(Br)*	*routier (-ère)*
maid	*bonne*
mailman *(Am)*	*facteur*
manager	*directeur (-trice), gérant(e)*
mechanic	*mécanicien(ne)*
merchant	*négociant(e), marchand(e), grossiste*
miner	*mineur*

LE TRAVAIL ET LES MÉTIERS 10

minister	*pasteur*
model	*mannequin*
monk	*moine*
nanny	*nurse, garde d'enfants*
newsagent	*marchand(e) de journaux*
newsreader	*journaliste (présentateur)*
nun	*religieuse*
nurse	*infirmier (-ère)*
nursery teacher	*instituteur (-trice) de maternelle*
office worker	*employé(e) de bureau*
owner	*propriétaire, patron(ne) (magasin, pub, etc.)*
painter	*peintre*
painter and decorator	*peintre en bâtiment, peintre-décorateur (-trice)*
pastry chef	*pâtissier (-ère)*
pharmacist	*pharmacien(ne)*
photographer	*photographe*
physician	*médecin*
physicist	*physicien(ne)*
pilot	*pilote*
plumber	*plombier*
policeman	*agent (de police), policier*
police officer	*agent (de police)*
policewoman	*femme policier*
politician	*homme/femme politique*
postman *(Br)*	*facteur*
priest	*prêtre*
primary school teacher	*maître (-tresse) d'école*
professor	*professeur en chaire*
psychiatrist	*psychiatre*
psychologist	*psychologue*
real estate agent *(Am)*	*agent immobilier*
realtor *(Am)*	*agent immobilier*
receptionist	*réceptionniste*
removal man	*déménageur*
reporter	*reporter*
sailor	*marin, matelot*
sales representative	*représentant(e) (de commerce)*
salesperson	*vendeur (-euse)*
scientist	*savant(e)*
secretary	*secrétaire*
semi-skilled worker	*ouvrier (-ère) spécialisé(e)*
senior executive	*cadre supérieur*
servant	*serviteur, servante*
shepherd(ess)	*berger (-ère)*
shoe repairer	*cordonnier (-ère)*

10 Work and Jobs

shop assistant	vendeur (-euse)
shopkeeper	commerçant(e), marchand(e)
singer	chanteur (-euse)
social worker	assistant(e) social(e)
soldier	soldat
star	vedette
steward	steward
student	étudiant(e)
surgeon	chirurgien(ne)
switchboard operator	standardiste
tailor	tailleur
taxi driver	chauffeur de taxi
teacher	enseignant(e), professeur
technician	technicien(ne)
tourist guide	guide de tourisme
translator	traducteur (-trice)
truck driver *(Am)*	routier (-ère)
TV announcer	présentateur (-trice), annonceur (-euse)
(shorthand) typist	(sténo-)dactylo
unskilled worker	ouvrier (-ère) non spécialisé(e)
usherette	ouvreuse
veterinary surgeon	vétérinaire
waiter	garçon de café
waiter/waitress	serveur (-euse)
watchmaker	horloger (-ère)
Web designer	concepteur (-trice) de sites Web
writer	écrivain

the world of work le monde du travail

worker	travailleur (-euse), ouvrier (-ère)
working people	travailleurs
unemployed person	chômeur (-euse)
job applicant	demandeur (-euse) d'emploi
employer	employeur
boss	patron(ne)
management	direction
staff	personnel
personnel	personnel
apprentice	apprenti(e)
trainee	stagiaire, apprenti(e)
intern *(Am)*	stagiaire, apprenti(e)
striker	gréviste
retired person	retraité(e)
pensioner *(Br)*	retraité(e)

LE TRAVAIL ET LES MÉTIERS 10

trade unionist *(Br)*	*syndicaliste*
labor unionist *(Am)*	*syndicaliste*
temp	*intérimaire*
employment	*emploi*
sector	*secteur*
research	*recherche*
computer science	*informatique*
business	*affaires*
industry	*industrie*
civil service	*fonction publique*
company	*entreprise, société, compagnie*
firm	*firme, société*
agency	*agence*
start-up	*start-up*
office	*bureau*
factory	*usine*
workshop	*atelier*
shop	*magasin*
laboratory	*laboratoire*
lay-off	*licenciement*
redundancy *(Br)*	*licenciement*
dismissal	*licenciement, renvoi*

looking for a job à la recherche d'un emploi

the future	*l'avenir*
career	*carrière*
profession	*profession libérale*
occupation	*profession*
trade	*métier, commerce*
job	*métier, poste, emploi, travail*
job with good prospects	*métier d'avenir*
temporary job	*emploi temporaire*
part-time job	*emploi à mi-temps*
full-time job	*emploi à plein temps*
openings	*débouchés*
situation	*situation*
post	*poste*
position	*poste*
training course	*stage (de formation)*
apprenticeship	*apprentissage*
placement *(Br)*	*stage*

10 Work and Jobs

internship *(Am)*	stage
training	formation
continuing education	formation permanente
sandwich course *(Br)*	stage de formation professionnelle en alternance
qualifications	diplômes, qualifications professionnelles
certificate	certificat
diploma	diplôme
degree	diplôme (d'études supérieures)
(employment) contract	contrat (de travail)
job application	demande d'emploi
ad(vertisement)	annonce
jobs advertised	offres d'emploi
situations vacant *(Br)*	offres d'emploi
application form	formulaire/dossier de candidature
unsolicited application	candidature spontanée
curriculum vitae, CV *(Br)*	curriculum vitae, CV
résumé *(Am)*	curriculum vitae, CV
covering letter *(Br)*	lettre de motivation
cover letter *(Am)*	lettre de motivation
skills	compétences
candidate	candidat
interview	entretien
interviewee	candidat qui passe l'entretien
interviewer	personne qui fait passer l'entretien

pay and benefits — rémunération et avantages

pay	paie, rémunération
salary	salaire (mensuel, annuel)
wage(s)	salaire (hebdomadaire, quotidien)
income	revenu
taxes	impôts
flexitime *(Br)*	horaires à la carte
forty-hour week	semaine de 40 heures
pay rise *(Br)*	augmentation
raise *(Am)*	augmentation
reward	prime
incentive	prime
incentive *(Br)* scheme ou *(Am)* plan	système de primes

Le travail et les métiers 10

employee profit-sharing scheme	système d'intéressement aux bénéfices
fringe benefits	avantages en nature
perks	avantages en nature
luncheon vouchers *(Br)*	tickets-repas
meal tickets *(Am)*	tickets-repas
company car	voiture de fonction
business trip	voyage d'affaires
travel allowance	prime de transport
relocation allowance	prime de déménagement
redundancy ou *(Am)* lay-off pay	indemnité de licenciement
unemployment benefit *(Br)*	indemnité de chômage
pension	retraite
pension scheme	régime de retraite
holidays *(Br)*	vacances, congés
vacation *(Am)*	vacances, congés
leave	congé
maternity leave	congé de maternité
sick leave	congé de maladie
paid *(Br)* leave ou *(Am)* vacation	congés payés
trade union *(Br)*	syndicat
labor union *(Am)*	syndicat
strike	grève

---

what does he do (for **a** living)?
que fait-il (dans la vie) ?

he's earning a ou his living by writing/as a musician
il vit de sa plume/gagne sa vie comme musicien

what would you like to do ou to be when you grow up?
qu'est-ce que tu voudrais faire quand tu seras plus grand ?

what are your plans for the future?
quels sont vos projets d'avenir ?

I'm planning to study ø medicine
j'ai l'intention de faire des études de médecine

what I'm most interested **in** is biochemistry
ce qui m'intéresse le plus, c'est la biochimie

he had no qualifications and no work experience so he went **on** a training course
il n'avait ni diplômes, ni expérience professionnelle, alors il a suivi une formation

10 Work and Jobs

> I wish I could take a holiday and go to Spain
> *j'aimerais bien prendre des vacances et partir en Espagne*
>
> she's (away) on maternity leave/sick leave/a business trip
> *elle est en congé de maternité/congé de maladie/voyage d'affaires*
>
> she does ø scientific research for the private sector ou a private company
> *elle fait de la recherche scientifique dans le privé*

Remarque :

★ Contrairement au français, les noms qui désignent une profession sont toujours suivis de l'article indéfini en anglais :

he's a doctor she's an architect
il est médecin *elle est architecte*

★ Selon ce qu'il désigne, **business** est soit dénombrable, soit indénombrable. Quand il fait référence à une affaire, une entreprise, il est dénombrable (1). Mais lorsqu'on parle des affaires en général, **business** est indénombrable (2), c'est-à-dire toujours au singulier :

(1) the number of small businesses has increased
   le nombre de petites entreprises a augmenté

   there is a business for sale
   il y a un commerce à vendre

(2) she went to London on business
   elle est allée à Londres pour affaires

   business is bad
   les affaires vont mal

★ **Staff** et **management** sont des noms collectifs et peuvent être suivis du singulier, si l'on désigne la totalité du groupe (1), ou du pluriel, si l'on veut mettre l'accent sur les membres du groupe (2) :

(1) the staff of that school has a good record
   le personnel de cette école a obtenu de bons résultats

(2) the staff don't always behave themselves
   le personnel ne se conduit pas toujours bien

11 Character and Behaviour
Le caractère et le comportement

to behave (oneself)	se comporter, se conduire
to control oneself	se dominer
to allow	permettre (à)
to obey	obéir à
to disobey	désobéir à
to prevent (from)	empêcher (de)
to forbid	interdire
to disapprove of	désapprouver
to scold	gronder
to get told off	se faire gronder
to get angry	se fâcher
to apologize	s'excuser
to forgive	pardonner
to punish	punir
to reward	récompenser
to dare	oser
anger	colère
apology, apologies	excuses
arrogance	arrogance
behaviour, *(Am)* behavior	comportement, conduite
boastfulness	vantardise
caution	prudence
character	caractère
charm	charme
cheerfulness	gaieté
clumsiness	maladresse, gaucherie
coarseness	grossièreté
craftiness	ruse
cruelty	cruauté
delight	joie
disobedience	désobéissance
embarrassment	embarras
envy	envie, jalousie
excuse	excuse
folly	folie

11 Character and Behaviour

good behaviour	*bon comportement*
happiness	*bonheur, joie*
honesty	*honnêteté*
humanity	*humanité*
humour, (Am) humor	*humour*
impatience	*impatience*
insolence	*insolence*
instinct	*instinct*
intelligence	*intelligence*
intolerance	*intolérance*
jealousy	*jalousie*
joy	*joie*
kindness	*gentillesse*
laziness	*paresse*
madness	*folie*
mischief	*malice*
mood	*humeur*
nastiness	*méchanceté*
naughtiness	*désobéissance, malice*
obedience	*obéissance*
patience	*patience*
politeness	*politesse*
pride	*fierté, orgueil*
punishment	*punition*
reward	*récompense*
rudeness	*impolitesse*
sadness	*tristesse*
shyness	*timidité*
skilfulness, (Am) skillfulness	*habileté*
stubbornness	*entêtement, obstination*
telling-off	*réprimande*
timidity	*timidité*
tolerance	*tolérance*
spite	*rancune, méchanceté*
unhappiness	*chagrin, peine*
vanity	*vanité*
wit	*esprit, intelligence*
absent-minded	*distrait*
amusing	*amusant*
angry	*fâché, en colère*
arrogant	*arrogant*
astute	*astucieux*
bad	*méchant*
boastful	*vantard*
boring	*ennuyeux*
brave	*courageux*

LE CARACTÈRE ET LE COMPORTEMENT 11

calm	calme
careful	prudent, consciencieux
cautious	prudent
charming	charmant
cheeky	effronté
cheerful	gai
clumsy	maladroit, gauche
coarse	grossier
cruel	cruel
curious	curieux
decent	honnête, respectable, brave
discreet	discret
disobedient	désobéissant
embarrassed	embarrassé, gêné
envious	envieux
friendly	amical
funny	drôle
good	bon, sage (enfant), brave
gullible	crédule, naïf
happy	heureux
hard-working	travailleur
honest	honnête
impatient	impatient
impulsive	impulsif
indifferent	indifférent
insolent	insolent
instinctive	instinctif
intelligent	intelligent
intolerant	intolérant
jealous	jaloux
joyful	joyeux
kind	aimable, gentil
lazy	paresseux
mad	fou
mischievous	espiègle, malveillant
modest	modeste
nasty	méchant
natural	naturel
naughty	méchant, désobéissant, coquin
naive	naïf
nice	agréable, sympathique, gentil
obedient	obéissant
optimistic	optimiste
patient	patient
pessimistic	pessimiste
pleasant	agréable
polite	poli

11 Character and Behaviour

poor	*pauvre*
proud	*fier, orgueilleux*
quiet	*calme*
reasonable	*raisonnable*
respectable	*respectable*
respectful	*respectueux*
rude	*impoli, grossier*
sad	*triste*
scatterbrained	*étourdi*
sensible	*raisonnable*
sensitive	*sensible*
serious	*sérieux*
shrewd	*avisé*
shy	*timide*
silly	*bête*
skilful, *(Am)* skillful	*habile*
sorry	*désolé*
strange	*étrange, bizarre*
stubborn	*têtu, obstiné*
stupid	*stupide, idiot*
surprising	*surprenant*
talkative	*bavard*
terrific	*formidable, sensationnel*
timid	*timide*
tolerant	*tolérant*
unhappy	*malheureux*
untidy	*désordonné*
vain	*vaniteux*
wily	*rusé*
witty	*spirituel*

I think she's very nice
je la trouve très sympathique

he's in a (very) good/bad mood
il est de (très) bonne/mauvaise humeur

he is good-/ill-natured
il a bon/mauvais caractère

she was kind enough to lend me her car
elle a eu l'amabilité de me prêter sa voiture

I'm sorry to disturb you
excusez-moi de vous déranger

Le caractère et le comportement 11

I'm very sorry to hear that
je suis désolé d'apprendre cette nouvelle

I do apologize
je vous présente toutes mes excuses

he apologized to the teacher for being cheeky
il s'est excusé de son insolence auprès du professeur

he did it out of love/out of envy
il l'a fait par amour/par envie ou jalousie

Remarque :

★ Faux ami : sensible ne signifie pas "sensible", mais "raisonnable", "sensé". "Sensible" se traduit par **sensitive** :

be sensible!   she's very sensitive
soyez raisonnable !   *elle est très sensible*

12 Emotions
Les émotions

anger la colère

to become angry with	se fâcher contre
to lose one's temper with	se mettre en colère contre
to be angry	être en colère
to be fuming *(Fam)*	être fou de rage
to become indignant at	s'indigner de
to get excited	s'exciter, s'énerver
to get worked up *(Fam)*	s'énerver
to shout	crier
to hit	frapper
to slap (on the face)	gifler
anger	colère
indignation	indignation
tension	tension
stress	stress
cry	cri
shout	cri
blow	coup
slap (on the face)	gifle
annoyed	fâché
angry	en colère
furious	furieux
sulky	maussade
annoying	énervant, ennuyeux

sadness la tristesse

to weep	pleurer
to cry	pleurer
to burst into tears	fondre en larmes
to sob	sangloter
to sigh	soupirer
to distress	bouleverser
to shatter *(Fam)*	bouleverser

LES ÉMOTIONS 12

to shock	*choquer*
to dismay	*consterner*
to disappoint	*décevoir*
to disconcert	*déconcerter*
to depress	*déprimer*
to move	*émouvoir*
to affect	*affecter*
to touch	*toucher*
to trouble	*troubler*
to take pity on	*avoir pitié de*
to comfort	*réconforter*
to console	*consoler*
grief	*chagrin, douleur*
sorrow	*chagrin*
sadness	*tristesse*
disappointment	*déception*
depression	*dépression*
homesickness	*mal du pays, cafard*
melancholy	*mélancolie*
nostalgia	*nostalgie*
suffering	*souffrance*
tear	*larme*
sob	*sanglot*
sigh	*soupir*
failure	*échec*
bad luck	*malchance, malheur*
misfortune	*malheur*
sad	*triste*
shattered *(Fam)*	*bouleversé*
disappointed	*déçu*
depressed	*déprimé*
distressed	*désolé*
moved	*ému*
gloomy	*mélancolique*
heartbroken	*navré*

fear and worries la peur et l'inquiétude

to be afraid (of)	*avoir peur (de)*
to be frightened (of)	*avoir peur (de)*
to fear	*craindre*
to frighten	*effrayer, faire peur à*

12 Emotions

to worry (about)	s'inquiéter (de)
to tremble	trembler
to dread	redouter
terror	terreur
dread	terreur, effroi
fright	frayeur
shiver	frisson
shock	choc
trouble	ennuis
anxieties	inquiétudes
problem	problème
worry	souci
fearful	craintif
afraid	effrayé
frightening	effrayant
petrified	mort de peur
worried	inquiet
nervous	nerveux
anxious	anxieux, angoissé

happiness la joie et le bonheur

to enjoy oneself	s'amuser
to be delighted (about)	se réjouir (de)
to laugh (at)	rire (de)
to burst out laughing	éclater de rire
to have the giggles	avoir le fou rire
to smile	sourire
happiness	bonheur
contentment	contentement, satisfaction
joy	joie
satisfaction	satisfaction
laugh	rire
burst of laughter	éclat de rire
laughter	rires
smile	sourire
love	amour
love at first sight	coup de foudre
luck	chance
success	réussite

LES ÉMOTIONS 12

surprise	*surprise*
pleased	*content*
content	*content, satisfait*
happy	*heureux*
in love	*amoureux*

---

he frightened them ou he gave them a fright
il leur a fait peur

he's frightened ou afraid of dogs
il a peur des chiens

he became angry with me
il s'est mis en colère contre moi

I'm homesick
j'ai le mal du pays

she is lucky
elle a de la chance

his success made him very happy
sa réussite l'a rendu très heureux

he's in love with Susan
il est amoureux de Susan

he shouted at me
il m'a crié dessus

Remarque :

★ La construction "... me/te/etc. manque" a pour équivalent anglais une construction inverse, dans laquelle le sujet est la personne qui ressent le manque et l'objet est la chose ou la personne pour laquelle on éprouve de la nostalgie. Par exemple :

she misses her brother
son frère lui manque

I miss my country
mon pays me manque

★ Attention : les mots laughter et trouble sont indénombrables :

there was much laughter over the misunderstanding
le malentendu provoqua des éclats de rire

he got his friends into ø trouble
il a causé des ennuis à ses amis

Voir aussi chapitre :

11 LE CARACTÈRE ET LE COMPORTEMENT

13 The Senses
Les sens

sight la vue

to see	voir
to look at	regarder
to watch	regarder, observer
to observe	observer
to examine	examiner
to study closely	examiner
to catch a glimpse of	entrevoir
to squint	loucher
to glance at	jeter un coup d'œil à
to stare at	regarder fixement
to peek at	regarder furtivement
to dazzle	éblouir
to blind	aveugler
to light up	éclairer
to appear	apparaître
to disappear	disparaître
to reappear	réapparaître
to watch TV	regarder la télé
sight	vue (sens), spectacle
vision	vision
view	vue (panorama)
colour, (Am) color	couleur
light	lumière, clarté
brightness	clarté, éclat
darkness	obscurité
eye	œil
glasses	lunettes
sunglasses	lunettes de soleil
contact lenses, contacts	lentilles de contact
magnifying glass	loupe
binoculars	jumelles
microscope	microscope
telescope	téléscope

Les sens 13

blind person	*aveugle*
guide dog	*chien d'aveugle*
Braille	*braille*
bright	*brillant*
light	*clair*
dazzling	*éblouissant*
dark	*obscur, sombre*

hearing l'ouïe

to hear	*entendre*
to listen to	*écouter*
to whisper	*chuchoter*
to sing	*chanter*
to hum	*fredonner*
to whistle	*siffler*
to snore	*ronfler*
to buzz	*bourdonner*
to rustle	*bruire*
to creak	*grincer*
to ring	*sonner*
to thunder	*tonner*
to deafen	*assourdir*
to be silent ou quiet	*se taire*
to prick up one's ears	*tendre* ou *dresser l'oreille*
to slam the door	*claquer la porte*
hearing	*ouïe*
noise	*bruit*
sound	*son, bruit*
voice	*voix*
racket *(Fam)*	*boucan*
din *(Fam)*	*vacarme*
echo	*écho*
whisper	*chuchotement*
song	*chanson*
buzzing	*bourdonnement*
crackling	*crépitement*
explosion	*explosion*
creaking	*grincement*
ringing	*sonnerie*
thunder	*tonnerre*

13 The Senses

sound barrier	*mur du son*
ear	*oreille*
loudspeaker	*haut-parleur*
PA system, public address system	*sonorisation*
intercom	*Interphone®*
earphones	*casque, écouteurs*
headphones	*casque*
headset	*casque*
personal stereo	*Walkman®*
CD player	*lecteur de CD*
radio	*radio*
Morse code	*morse*
earplugs	*boules Quiès®*
hearing aid	*appareil acoustique*
noisy	*bruyant*
silent	*silencieux*
loud	*fort*
low	*bas, faible*
faint	*faible*
deafening	*assourdissant*
deaf	*sourd*
hearing-impaired	*malentendant*
hard of hearing	*dur d'oreille*

touch le toucher

to touch	*toucher*
to stroke	*caresser*
to tickle	*chatouiller*
to rub	*frotter*
to knock	*frapper*
to hit	*frapper*
to scratch	*gratter*
touch	*toucher*
stroke	*caresse*
blow	*coup*
handshake	*poignée de main*
fingertips	*bout des doigts*
smooth	*lisse*
rough	*rugueux*
soft	*doux*
hard	*dur*

LES SENS 13

hot	*chaud*
warm	*chaud*
cold	*froid*

taste le goût

to taste	*goûter*
to taste of	*avoir le goût de*
to drink	*boire*
to eat	*manger*
to lick	*lécher*
to sip	*siroter*
to gobble (up)	*engloutir*
to savour, *(Am)* to savor	*savourer*
to swallow	*avaler*
to chew	*mâcher*
to salt	*saler*
to sugar	*sucrer*
to sweeten	*sucrer*
taste	*goût*
flavour, *(Am)* flavor	*parfum, goût*
mouth	*bouche*
tongue	*langue*
saliva	*salive*
taste buds	*papilles gustatives*
appetite	*appétit*
appetizing	*appétissant*
mouthwatering	*alléchant*
delicious	*délicieux*
disgusting	*dégoûtant*
horrible	*infect*
sweet	*sucré, doux*
salty	*salé*
savoury, *(Am)* savory	*salé*
tart	*acide*
sour	*aigre, acide*
bitter	*amer*
spicy	*épicé*
hot	*épicé, fort*
strong	*fort*
tasteless	*fade*

13 The senses

smell l'odorat

to smell	sentir
to smell of	sentir
to sniff	renifler
to stink	puer
to be fragrant	embaumer
to perfume	parfumer
to smell nice/bad	sentir bon/mauvais
(sense of) smell	odorat
smell	odeur
odour, *(Am)* odor	odeur
scent	senteur
perfume	parfum
aroma	arôme
fragrance	parfum, senteur
stench	puanteur
smoke	fumée
nose	nez
nostrils	narines
fragrant	parfumé
scented	parfumé
stinking	puant
smoky	enfumé
odourless, *(Am)* odorless	inodore

---

it's dark in the cellar
il fait noir dans la cave

look at me!
regarde-moi !

listen to me!
écoute-moi !

I heard the child singing
j'ai entendu l'enfant chanter

I heard papers rustling
j'ai entendu des froissements de papier

the leaves rustled in the wind
les feuilles bruissaient dans le vent

it feels soft
c'est doux au toucher

they shook hands
ils se sont serré la main

LES SENS 13

it makes my mouth water
j'en ai l'eau à la bouche

this chocolate tastes funny
ce chocolat a un drôle de goût

it smells good/bad
ça sent bon/mauvais

it's stuffy in here
ça sent le renfermé ici

it's tasteless
ça n'a aucun goût

this tea tastes of honey
ce thé a un goût de miel

this room smells of smoke
cette pièce sent la fumée

Remarque :

★ Attention : perfume s'emploie uniquement pour désigner un parfum ou une senteur :

I don't usually wear perfume
d'habitude je ne me parfume pas

it's a nice perfume
ça sent bon

Lorsque l'on parle du goût de quelque chose, on n'emploiera jamais perfume mais flavour :

it comes in six different flavours
il existe en six parfums différents

a chocolate flavour ice-cream
glace au chocolat

Voir aussi chapitres :

- **4 LE CORPS HUMAIN**
- **6 LA SANTÉ, LES MALADIES ET LES INFIRMITÉS**
- **17 LA NOURRITURE**
- **64 LES COULEURS**

14 Likes and Dislikes
Les goûts et les préférences

to like	aimer
to love	aimer (d'amour), adorer
to adore	adorer
to be fond of	beaucoup aimer
to be keen on	être passionné de
to appreciate	apprécier
to feel like	avoir envie de
to fancy *(Br, Fam)*	avoir envie de
to dislike	ne pas aimer
to detest	détester
to hate	haïr, avoir horreur de
to despise	mépriser
to prefer	préférer
to choose	choisir
to compare	comparer
to hesitate	hésiter
to decide	décider
to need	avoir besoin de
to want	vouloir
to wish	souhaiter
to wish for	désirer
love	amour
taste	goût
liking	penchant
loathing	dégoût, répugnance
hate	haine
contempt	mépris
choice	choix
comparison	comparaison
preference	préférence
contrary	contraire
opposite	contraire, opposé

LES GOÛTS ET LES PRÉFÉRENCES 14

contrast	*contraste*
difference	*différence*
similarity	*similitude*
need	*besoin*
wish	*désir, souhait*
different (from)	*différent (de)*
equal (to)	*égal (à)*
identical (to)	*identique (à)*
the same (as)	*le même (que)*
similar (to)	*semblable (à)*
like	*comme, semblable à*
in comparison with	*en comparaison de*
in relation to	*par rapport à*
more	*plus*
less	*moins*
a lot	*beaucoup*
enormously	*énormément*
a great deal	*énormément, beaucoup*
a lot more/less	*beaucoup plus/moins*
quite a lot more/less	*bien plus/moins*

I like this book
ce livre me plaît

he's fond of reading
il aime lire

I love going shopping
j'adore faire les magasins

I hate getting up early
j'ai horreur de me lever tôt

red is my favourite ou *(Am)* favorite colour
le rouge est ma couleur préférée

I prefer coffee to tea
je préfère le café au thé

I feel like going out tonight
j'ai envie de sortir ce soir

do you fancy a pizza tonight? *(Br)*
ça te dirait une pizza ce soir ?

I'd rather stay at home
j'aime mieux rester à la maison

they'd like to go to the movies ou *(Br)* the cinema
ils aimeraient aller au cinéma

15 Daily Routine and Sleep La vie quotidienne et le sommeil

to wake up se réveiller

to get up	*se lever*
to stretch	*s'étirer*
to yawn	*bâiller*
to be half asleep	*être mal réveillé*
to have a lie-in	*faire la grasse matinée*
to oversleep	*ne pas se réveiller*
to open the curtains	*ouvrir les rideaux*
to open ou pull up the blinds	*lever les stores*
to switch the light on	*allumer la lumière*
to wash	*se laver*
to have a wash	*faire sa toilette*
to wash one's face	*se débarbouiller*
to wash one's hands	*se laver les mains*
to brush ou clean one's teeth	*se brosser* ou *se laver les dents*
to wash one's hair	*se laver les cheveux* ou *la tête*
to have a shower	*prendre une douche*
to have a bath	*prendre un bain*
to soap oneself down	*se savonner*
to dry oneself	*se sécher*
to dry one's hands	*s'essuyer les mains*
to shave	*se raser*
to go to the toilet	*aller aux toilettes*
to get dressed	*s'habiller*
to do one's hair	*se coiffer*
to brush/comb one's hair	*se brosser/peigner les cheveux*
to put on one's make-up	*se maquiller*
to put in one's contact lenses	*mettre ses lentilles de contact*
to put in one's false teeth	*mettre son dentier*
to make the bed	*faire son lit*
to switch the radio/television on	*allumer la radio/télévision*
to switch the radio/television off	*éteindre la radio/télévision*
to have breakfast	*prendre son petit déjeuner*
to feed the cat/dog	*donner à manger au chat/chien*

LA VIE QUOTIDIENNE ET LE SOMMEIL 15

to water the plants	arroser les plantes
to get ready	préparer ses affaires, se préparer
to go to school	aller à l'école
to go to the office	aller au bureau
to go to work	aller travailler
to take the bus	prendre le bus
to come home	rentrer à la maison
to go home	rentrer à la maison ou chez soi
to come back from school/work	rentrer de l'école/du travail
to do one's homework	faire ses devoirs
to have a rest	se reposer
to have a nap	faire la sieste
to have a cup of tea	prendre une tasse de thé
to watch television	regarder la télévision
to read	lire
to play	jouer
to have dinner	dîner
to lock the door	fermer la porte à clé
to undress	se déshabiller
to draw the curtains	fermer les rideaux
to close ou pull down the blinds	baisser les stores
to go to bed	(aller) se coucher
to tuck in	border
to set the alarm (clock)	mettre son réveil
to switch the light off	éteindre la lumière
to fall asleep	s'endormir
to sleep	dormir
to doze	sommeiller
to dream	rêver
to sleep badly	mal dormir
to have insomnia	avoir des insomnies
to have a sleepless night	passer une nuit blanche
usually	d'habitude
in the morning	le matin
in the evening	le soir
every morning	tous les matins
then	ensuite

washing la toilette

soap	savon
shower gel	gel douche

15 Daily Routine and Sleep

towel	serviette de toilette
bath towel	serviette de bain
bathrobe	peignoir
hand towel	essuie-mains
flannel *(Br)*	gant de toilette
washcloth *(Am)*, facecloth *(Am)*	gant de toilette
sponge	éponge
brush	brosse
comb	peigne
toothbrush	brosse à dents
toothpaste	dentifrice
shampoo	shampoing
bubble bath	bain moussant
bath salts	sels de bain
deodorant	déodorant
toilet paper	papier hygiénique
hair dryer	sèche-cheveux
scales	pèse-personne, balance

bed le lit

pillow	oreiller
sheet	drap
pillowcase	taie d'oreiller
blanket	couverture
extra blanket	couverture supplémentaire
duvet *(Br)*	couette
quilt	édredon, dessus-de-lit, couette
quilt ou *(Br)* duvet cover	housse de couette
mattress	matelas
bedspread	dessus-de-lit, couvre-lit
electric blanket	couverture chauffante
hot-water bottle	bouillotte

I set my alarm (clock) for seven
je mets mon réveil à sept heures

I go to bed early/late
je me couche de bonne heure/tard

I slept like a log
j'ai dormi comme un loir

hurry up and get dressed!
habille-toi vite !

I am an early riser
je suis un lève-tôt

LA VIE QUOTIDIENNE ET LE SOMMEIL 15

Remarque :

★ Have s'emploie souvent dans des expressions idiomatiques décrivant une activité :

I had time to have a shower/bath
j'ai eu le temps de prendre une douche/un bain

I'm going to have a nap
je vais faire la sieste

have a rest!
repose-toi !

he telephoned as we were having lunch
il a téléphoné pendant que nous déjeunions

Voir aussi chapitres :

- **17 LA NOURRITURE**
- **18 LES TRAVAUX MÉNAGERS**
- **24 MA CHAMBRE**
- **56 LES AVENTURES ET LES RÊVES**

16 Smoking Le tabac

to smoke	fumer
to light	allumer
to put out	éteindre
to stub out	écraser
cigarette	cigarette
smoke *(Fam)*	cigarette, clope
fag *(Br, Fam)*	clope
roll-up *(Br, Fam)*	roulée
cigar	cigare
stub	mégot
cigarette end	mégot
pipe	pipe
match	allumette
box of matches	boîte d'allumettes
lighter	briquet
packet of cigarettes *(Br)*	paquet de cigarettes
pack of cigarettes *(Am)*	paquet de cigarettes
packet ou pack of tobacco	paquet de tabac
pipe tobacco	tabac à pipe
rolling tobacco	tabac à rouler
cigarette papers	feuilles à rouler, papier à cigarette
ash	cendre
ashtray	cendrier
smoke	fumée
smoker	fumeur
non-smoker	non-fumeur
non-smoking	non-fumeurs *(coin, salle, etc.)*

---

he always has a cigarette after dinner
il fume toujours une cigarette après le dîner

do you have a light?
vous avez du feu ?

smoking or non-smoking?
fumeurs ou non-fumeurs ?

smoking is not permitted in the restaurant
il est interdit de fumer dans le restaurant

this is a non-smoking area
c'est un coin non-fumeurs

17 FOOD LA NOURRITURE

to eat	*manger*
to drink	*boire*
to taste	*goûter (plat)*

meals les repas

breakfast	*petit déjeuner*
coffee break	*pause(-café)*
tea break *(Br)*	*pause(-thé)*
brunch	*brunch*
lunch	*déjeuner*
dinner	*dîner*
supper	*souper*
picnic	*pique-nique*
snack	*casse-croûte, goûter*

courses les différents plats

appetizer	*amuse-gueule*
starter	*entrée*
first course	*entrée*
hors d'oeuvre	*hors-d'œuvre*
soup	*soupe, potage*
main course	*plat principal* ou *de résistance*
entrée *(Am)*	*plat principal* ou *de résistance*
dessert	*dessert*
sweet *(Br)*	*dessert*
pudding *(Br)*	*dessert*
cheese	*fromage*

drinks les boissons

water	*eau*
mineral water	*eau minérale*
sparkling water	*eau gazeuse*
still water	*eau plate*
tap water	*eau du robinet*
milk	*lait*
skimmed milk	*lait écrémé*
semi-skimmed milk	*lait demi-écrémé*

17 Food

tea	*thé*
lemon tea	*thé citron*
tea with milk	*thé au lait*
coffee	*café*
black coffee	*café (noir)*
white coffee	*(café) crème, café au lait*
herbal tea	*infusion*
hot chocolate	*chocolat chaud*
soft drink	*boisson non alcoolisée*
orange/lemon squash *(Br)*	*sirop d'orange/de citron*
orange juice	*jus d'orange*
apple juice	*jus de pomme*
Coke®	*Coca®*
lemonade	*limonade*
alcoholic drink	*boisson alcoolisée*
shandy *(Br)*	*panaché*
cider	*(Br) cidre, (Am) jus de pomme*
hard cider *(Am)*	*cidre*
beer	*bière*
bitter *(Br)*	*bière amère*
stout *(Br)*	*bière brune épaisse*
lager *(Br)*	*bière blonde*
whisky, *(Am)* whiskey	*whisky*
wine	*vin*
sparkling wine	*vin mousseux*
rosé	*rosé*
bordeaux	*bordeaux*
burgundy	*bourgogne*
champagne	*champagne*
aperitif	*apéritif*
liqueur	*liqueur, digestif*
brandy	*eau-de-vie de vin, cognac*

seasonings and herbs — les condiments et les fines herbes

salt	*sel*
pepper	*poivre*
allspice	*poivre de la Jamaïque*
mustard	*moutarde*
vinegar	*vinaigre*
oil	*huile*
garlic	*ail*
spices	*épices*
herbs	*fines herbes*
parsley	*persil*

LA NOURRITURE 17

sorrel	*oseille*
thyme	*thym*
rosemary	*romarin*
basil	*basilic*
tarragon	*estragon*
mint	*menthe*
chives	*ciboulette*
cinnamon	*cannelle*
saffron	*safran*
bay leaf	*feuille de laurier*
nutmeg	*noix de muscade*
clove	*clou de girofle*
ginger	*gingembre*
coriander *(Br)*	*coriandre*
cilantro *(Am)*	*coriandre*
turmeric	*curcuma*
sauce	*sauce*
dip	*sauce dans laquelle on trempe les crudités, etc.*
mayonnaise	*mayonnaise*
vinaigrette	*vinaigrette*
dressing	*sauce, assaisonnement*
French dressing	*vinaigrette*

breakfast le petit déjeuner

bread	*pain*
wholemeal bread *(Br)*	*pain complet*
wholewheat bread *(Am)*	*pain complet*
baguette	*baguette*
bread and butter	*tartine beurrée*
toast	*pain grillé*
croissant	*croissant*
muffin	*muffin*
butter	*beurre*
margarine	*margarine*
jam	*confiture*
marmalade	*confiture d'orange*
honey	*miel*
yoghurt	*yaourt*
cornflakes	*cornflakes*
cereal	*céréales*
muesli *(Br)*	*muesli*
granola *(Am)*	*muesli*

17 FOOD

fruit les fruits

piece of fruit	*fruit*
apple	*pomme*
pear	*poire*
apricot	*abricot*
peach	*pêche*
plum	*prune*
nectarine	*brugnon*
melon	*melon*
watermelon	*pastèque*
pineapple	*ananas*
banana	*banane*
orange	*orange*
grapefruit	*pamplemousse*
mandarin (orange)	*mandarine*
tangerine	*mandarine*
clementine	*clémentine*
lemon	*citron*
strawberry	*fraise*
raspberry	*framboise*
blackberry	*mûre*
blueberry	*myrtille*
redcurrant	*groseille rouge*
blackcurrant	*cassis*
cherry	*cerise*
grape	*raisin*
bunch of grapes	*grappe de raisin*

vegetables les légumes

vegetable	*légume*
peas	*petits pois*
beans	*haricots*
green beans	*haricots verts*
runner beans	*haricots d'Espagne*
kidney beans	*(rouges) haricots rouges, (blancs) haricots de Soissons*
butter beans	*haricots beurre*
broad beans	*fèves*
leek	*poireau*
potato	*pomme de terre*
carrot	*carotte*
cabbage	*chou*
cauliflower	*chou-fleur*
Brussels sprouts	*choux de Bruxelles*

LA NOURRITURE 17

lettuce	*laitue, salade verte*
spinach	*épinards*
mushroom	*champignon*
artichoke	*artichaut*
asparagus	*asperge*
green/red pepper	*poivron vert/rouge*
onion	*oignon*
aubergine *(Br)*	*aubergine*
eggplant *(Am)*	*aubergine*
broccoli	*brocolis*
courgette *(Br)*	*courgette*
zucchini *(Am)*	*courgette*
(sweet)corn	*maïs*
radish	*radis*
tomato	*tomate*
cucumber	*concombre*
avocado	*avocat*
beetroot *(Br)*	*betterave (rouge)*
(red) beet *(Am)*	*betterave (rouge)*
salad	*salade (composée), crudités*

meat la viande

pork	*porc*
veal	*veau*
beef	*bœuf*
lamb	*agneau*
mutton	*mouton*
chicken	*poulet*
turkey	*dinde*
duck	*canard*
poultry	*volaille*
game	*gibier*
steak	*steak, bifteck*
steak and chips *(Br)*	*steak frites*
escalope	*escalope*
cutlet	*côtelette*
chicken breast	*blanc de poulet*
chicken thigh	*cuisse de poulet*
joint	*rôti*
roast beef	*rosbif*
roast pork/lamb	*rôti de porc/d'agneau*
leg of lamb	*gigot d'agneau*
stew	*ragoût*
mince *(Br)*	*viande hachée, steak haché*

17 Food

ground beef *(Am)*	viande hachée, steak haché
(ham)burger	hamburger
kidney	rognon
liver	foie
ham	jambon
pâté	pâté
black pudding *(Br)*	boudin
blood pudding *(Am)*	boudin
sausage	saucisse
garlic sausage	saucisson à l'ail
bacon	bacon

fish le poisson

cod	morue
haddock	aiglefin
herring	hareng
sardine	sardine
sole	sole
tuna	thon
trout	truite
(smoked) salmon	saumon (fumé)
whiting	merlan
seafood	fruits de mer
lobster	homard
crab	crabe
oyster	huître
prawn	crevette rose
shrimp	crevette grise
mussel	moule
cockle	coque
clam	palourde

eggs les œufs

egg	œuf
boiled egg	œuf à la coque
fried egg	œuf sur le plat
poached egg	œuf poché
bacon and eggs	œufs au bacon
ham and eggs	œufs au jambon
scrambled eggs	œufs brouillés
omelette, *(Am)* omelet	omelette

LA NOURRITURE 17

potatoes les pommes de terre

mashed potatoes	purée de pommes de terre
jacket ou baked potatoes	pommes de terre en robe de chambre
roast/boiled potatoes	pommes de terre au four/à l'eau
sweet potato	patate douce
chips *(Br)*	frites
(French) fries	frites
crisps *(Br)*	chips
(potato) chips *(Am)*	chips

pasta and rice les pâtes et le riz

noodles	nouilles
spaghetti	spaghettis
macaroni	macaronis
lasagne	lasagnes
short-grain/long-grain rice	riz court/long
pilaff/Cantonese/Creole rice	riz pilaf/cantonais/créole

hot dishes les plats cuisinés

today's special, dish of the day	plat du jour
soup	soupe, potage
roast lamb with mint sauce	agneau rôti servi avec de la sauce à la menthe
roast beef and Yorkshire pudding	rosbif servi avec des choux faits de pâte à crêpes
roast pork with apple sauce	rôti de porc servi avec une sauce aux pommes
beef wellington	bœuf en croûte
pork pie	paté en croûte à la viande de porc
shepherd's pie	hachis Parmentier
meatballs	boulettes de viande
beef casserole	bœuf bourguignon
cauliflower cheese	chou-fleur au gratin
fish and chips	poisson frit avec des frites
cooked	cuit
overdone	trop cuit
well done	bien cuit
medium	à point
rare	saignant
very rare	bleu

17 Food

breaded, in breadcrumbs	pané
stuffed	farci
fried	frit
boiled	bouilli
grilled *(Br)*	cuit au gril
broiled *(Am)*	cuit au gril
roast	rôti
sautéd	sauté
stir-fried	sauté

desserts les desserts

apple *(Br)* tart ou *(Am)* pie	tarte aux pommes
whipped cream	(crème) chantilly
cheesecake	gâteau sablé au fromage frais, parfois recouvert de fruits
trifle *(Br)*	sorte de diplomate
mince pies *(Br)*	tartelettes aux fruits confits épicés que l'on sert à Noël
lemon meringue pie	tarte au citron meringuée
sticky toffee pudding	pudding au caramel cuit à la vapeur
strawberry shortcake	tarte sablée aux fraises
ice cream	glace
vanilla ice cream	glace à la vanille
yoghurt	yaourt
chocolate mousse	mousse au chocolat
rice pudding	riz au lait

sweet things les friandises

chocolate	chocolat
milk chocolate	chocolat au lait
plain chocolate *(Br)*	chocolat noir
bittersweet chocolate *(Am)*	chocolat noir
chocolate bar *(Br)*	barre chocolatée
candy bar *(Am)*	barre chocolatée
biscuit *(Br)*	biscuit, petit gâteau
cookie *(Am)*	biscuit, cookie
shortbread	sablé écossais
scone	petit gâteau servi avec du beurre et de la confiture
cake	gâteau
ice lolly *(Br)*	glace à l'eau
Popsicle® *(Am)*	glace à l'eau
sweet *(Br)*	bonbon

LA NOURRITURE 17

candy *(Am)*	*bonbon*
mint	*bonbon à la menthe*
chewing gum	*chewing-gum*

tastes *les goûts*

sweet	*sucré*
salty	*salé*
savoury, *(Am)* savory	*salé*
tart	*acide*
bitter	*amer*
sour	*aigre, acide*
spicy	*épicé*
strong	*fort*
hot	*fort, épicé*
tasteless	*fade*
appetizing	*appétissant*
mouthwatering	*alléchant*
delicious	*délicieux*
disgusting	*dégoûtant*
horrible	*infect*

I like having breakfast in bed
j'aime bien prendre le petit déjeuner au lit

what will you have?
qu'est-ce que vous prenez ?

I'll have the lamb
je vais prendre de l'agneau

we had fish for dinner
nous avons eu du poisson au dîner

I'm going to make myself a slice of bread and honey
je vais me faire une tartine au miel

17 FOOD

Remarque :

★ Beaucoup de noms sont indénombrables dans le domaine culinaire. C'est le cas, par exemple, de spinach et de fruit. Ce dernier est invariable, mais il prend parfois un **-s** au sens figuré ou quand on insiste sur les différentes variétés de fruits :

eat fruit	a piece of fruit	tropical fruits
mange des fruits	*un fruit*	*les fruits tropicaux*

Le pluriel régulier de fish est fish, mais fishes s'emploie pour faire référence à des espèces de poissons :

he caught three fish
il a pris trois poissons

cod and haddock are two different fishes that can be found in British waters
la morue et l'aiglefin sont deux poissons différents que l'on trouve dans les eaux britanniques

Les noms de pâtes (pasta, lasagne, spaghetti, macaroni, etc.) sont également indénombrables. Pour désigner un spaghetti ou un macaroni, il faut faire précéder le nom indénombrable d'un nom qui soit dénombrable :

a strand ou piece of spaghetti	a piece of macaroni
un spaghetti	*un macaroni*

★ Attention : "mouton" se dit sheep (indénombrable) lorsqu'il s'agit de l'animal vivant, et mutton dans le domaine culinaire.

Voir aussi chapitres :

- **5   COMMENT VOUS SENTEZ-VOUS ?**
- **18 LES TRAVAUX MÉNAGERS**
- **63 LA DESCRIPTION DES CHOSES**

18 HOUSEWORK
LES TRAVAUX MÉNAGERS

chores les tâches ménagères

to do the housework	*faire le ménage*
to cook	*faire la cuisine*
to prepare a meal	*préparer un repas*
to do the dishes	*faire la vaisselle*
to do the washing-up *(Br)*	*faire la vaisselle*
to clean	*nettoyer*
to sweep	*balayer*
to dust	*épousseter*
to vacuum	*passer l'aspirateur*
to wash	*laver*
to rinse	*rincer*
to dry	*sécher, essuyer*
to throw away/out	*jeter*
to tidy (up)	*ranger*
to tidy (up) one's room	*ranger sa chambre*
to put away one's things	*ranger ses affaires*
to make one's bed	*faire son lit*
to prepare	*préparer*
to cut	*couper*
to slice	*couper en tranches*
to grate	*râper*
to peel	*éplucher*
to be boiling	*bouillir*
to boil	*(faire) bouillir*
to fry	*(faire) frire*
to roast	*(faire) rôtir*
to grill	*faire griller (viande)*
to toast	*faire griller (pain)*
to set the table	*mettre le couvert*
to clear the table	*desservir la table*
to iron	*repasser*
to darn	*repriser*
to mend	*raccommoder*
to use	*utiliser*
to look after	*s'occuper de*
to help	*aider*

18 HOUSEWORK

people who work in the house — ceux qui s'occupent des tâches domestiques

housewife	ménagère
cleaner	femme de ménage
home help	aide ménagère
maid	bonne
au pair	jeune fille au pair
babysitter	baby-sitter
childminder	garde d'enfants

electrical appliances — les appareils ménagers

vacuum	aspirateur
Hoover® *(Br)*	aspirateur
washing machine	machine à laver
spin-dryer	essoreuse
tumble-dryer	sèche-linge
washer-dryer	machine à laver séchante
iron	fer à repasser
sewing machine	machine à coudre
mixer	batteur
blender	mixeur
food processor	robot ménager
coffee grinder	moulin à café
refrigerator	réfrigérateur
fridge *(Br)*	frigo
freezer	congélateur
dishwasher	lave-vaisselle
stove	cuisinière, réchaud
cooker *(Br)*	cuisinière
electric cooker	cuisinière électrique
gas cooker	cuisinière à gaz
oven	four
microwave (oven)	(four à) micro-ondes
toaster	grille-pain
electric kettle	bouilloire électrique
coffee-maker	cafetière électrique

household items — les ustensiles

ironing board	planche à repasser

LES TRAVAUX MÉNAGERS 18

broom	*balai*
dustpan and brush	*pelle et balayette*
brush	*brosse*
rag	*(bout de) chiffon*
duster	*chiffon (à poussière)*
floorcloth	*serpillière*
cloth	*torchon*
dish towel	*torchon à vaisselle*
tea towel *(Br)*	*torchon à vaisselle*
drainer	*égouttoir*
basin	*bassine*
bowl	*bassine*
tea cosy	*couvre-théière*
oven glove	*gant isolant*
clothes horse	*séchoir*
washing-up liquid	*produit* ou *liquide vaisselle*
dishwasher liquid	*produit lave-vaisselle*
washing powder	*lessive*
saucepan	*casserole*
frying pan	*poêle*
casserole dish	*cocotte*
pressure cooker	*Cocotte-Minute®, autocuiseur*
deep fryer	*friteuse*
rolling pin	*rouleau à pâtisserie*
cake ou baking tin *(Br)*	*moule à gâteau*
cake ou baking pan *(Am)*	*moule à gâteau*
chopping board	*planche à découper*
can opener	*ouvre-boîte*
tin opener *(Br)*	*ouvre-boîte*
bottle opener	*décapsuleur*
corkscrew	*tire-bouchon*
whisk	*fouet*
spatula	*spatule*
fish slice	*pelle à poisson*
slotted spatula *(Am)*	*pelle à poisson*
slotted spoon	*écumoire*

cutlery les couverts

silverware *(Am)*	*couverts*
spoon	*cuillère*
teaspoon	*cuillère à café*
dessert spoon	*cuillère à dessert*
soup spoon	*cuillère à soupe*
tablespoon	*cuillère de service*
fork	*fourchette*

18 HOUSEWORK

knife	couteau
kitchen knife	couteau de cuisine
bread knife	couteau à pain
(potato ou vegetable) peeler	épluche-légumes, Économe®

dishes la vaisselle

dishes	vaisselle
place mat	dessous-de-plat, set de table
plate	assiette
soup plate	assiette à soupe
saucer	soucoupe
cup	tasse
glass	verre
wine glass	verre à vin
tumbler	verre (droit)
dish	plat
butter dish	beurrier
soup tureen	soupière
bowl	bol, saladier, coupe
salt cellar	salière
pepper pot	poivrier
pepper grinder	moulin à poivre
sugar bowl	sucrier
teapot	théière
coffee pot	cafetière
milk jug	pot à lait

> could you set the table, please?
> *peux-tu mettre le couvert, s'il te plaît ?*
>
> it's your turn to clear the table
> *c'est à ton tour de débarrasser la table*
>
> my father does the dishes
> *c'est mon père qui fait la vaisselle*
>
> my parents share the housework
> *mes parents se partagent les travaux ménagers*
>
> could you give me a hand with the washing?
> *tu pourrais me donner un coup de main pour la lessive ?*

Voir aussi chapitres :

17 LA NOURRITURE
25 LA MAISON

19 Shopping Les achats

to buy	*acheter*
to cost	*coûter*
to spend	*dépenser*
to charge	*faire payer*
to exchange	*échanger*
to pay	*payer*
to afford	*avoir les moyens d'acheter, se permettre*
to give change	*rendre la monnaie*
to sell	*vendre*
to go shopping	*faire des achats/du shopping*
to do the shopping	*faire les courses*
cheap	*bon marché*
expensive	*cher*
free	*gratuit*
reduced	*en solde*
on special offer	*en promotion*
second-hand	*d'occasion*
customer	*client(e)*
sales ou shop assistant *(Br)*	*vendeur (-euse)*
(sales) clerk *(Am)*	*vendeur (-euse)*
cashier	*caissier (-ère)*

shops les magasins

baker's	*boulangerie*
bakery	*boulangerie*
bookshop, *(Am)* bookstore	*librairie*
butcher's	*boucherie*
cake shop, *(Am)* cake store	*pâtisserie*
candy store *(Am)*	*confiserie*
chemist's *(Br)*	*pharmacie*
confectioner's	*confiserie*
dairy	*crémerie*
deli(catessen)	*épicerie fine*
department store	*grand magasin*
drugstore *(Am)*	*pharmacie, drugstore*
dry cleaner's	*teinturerie*

19 Shopping

fish shop, *(Am)* fish store	*poissonnerie*
fishmonger's *(Br)*	*poissonnerie*
florist's	*fleuriste*
greengrocer's	*marchand de primeurs*
grocer's	*épicerie*
grocery shop, *(Am)* grocery store	*épicerie*
haberdasher's *(Br)*	*mercerie*
hardware shop, *(Am)* hardware store	*quincaillerie*
indoor market	*marché couvert*
ironmonger's *(Br)*	*quincaillerie*
jeweller's, *(Am)* jeweler's	*bijouterie*
launderette *(Br)*	*laverie automatique*
laundromat *(Am)*	*laverie automatique*
laundry	*blanchisserie*
leather shop, *(Am)* leather store	*maroquinerie*
(shopping) mall	*galerie marchande, centre commercial*
market	*marché*
news stand	*kiosque à journaux*
notions store *(Am)*	*mercerie*
off-licence *(Br)*	*magasin de vins et spiritueux*
pharmacy	*pharmacie*
record shop, *(Am)* record store	*magasin de disques*
shoe repairer's	*cordonnerie*
shoe shop, *(Am)* shoe store	*magasin de chaussures*
shop *(Br)*	*magasin, boutique*
shopping centre *(Br)*	*centre commercial*
souvenir shop, *(Am)* souvenir store	*magasin de souvenirs*
sports shop, *(Am)* sports store	*magasin d'articles de sport*
stationer's	*papeterie*
store *(Am)*	*magasin, boutique*
supermarket	*supermarché*
sweet shop *(Br)*	*confiserie*
tobacconist and newsagent's *(Br)*	*tabac-journaux*
travel agent's ou agency	*agence de voyages*
hairdresser's	*coiffeur*
optician's	*opticien*
bag	*sac*
plastic bag	*sac plastique*
shopping bag	*cabas*
shopping basket	*panier*
(supermarket) trolley *(Br)*	*chariot, Caddie®*
(grocery) cart *(Am)*	*chariot, Caddie®*

LES ACHATS 19

instructions for use	*mode d'emploi*
price	*prix*
till	*caisse*
check-out	*caisse*
change	*monnaie*
cheque, *(Am)* check	*chèque*
credit card	*carte de crédit*
debit card	*carte de paiement à débit immédiat*
receipt	*ticket de caisse*
sales	*soldes*
counter	*comptoir*
shelf	*étagère*
department	*rayon*
changing ou fitting room	*salon d'essayage*
escalator	*Escalator®*
first floor *(Br)*	*premier étage*
second floor *(Am)*	*premier étage*
lift *(Br)*	*ascenseur*
elevator *(Am)*	*ascenseur*
shop window, *(Am)* store window	*vitrine*
size	*pointure, taille*

---

can I help you?
vous désirez ?

have you got any bananas?
avez-vous des bananes ?

I would like (I'd like) two pounds of apples, please
j'aimerais un kilo de pommes, s'il vous plaît

anything else?
et avec ça ?

that's all, thank you
c'est tout, merci

how much is this?
c'est combien ?

that comes to 20 pounds
ça fait 20 livres

have you got the exact change?
avez-vous la monnaie exacte ?

can I pay by cheque ou *(Am)* check?
puis-je payer par chèque ?

do you take credit cards?
acceptez-vous les cartes de crédit ?

where is the shoe department?
où se trouve le rayon chaussures ?

do you want it gift-wrapped?
je vous fais un paquet-cadeau ?

I love window-shopping
j'adore faire du lèche-vitrines

who paid for the drinks?
qui est-ce qui a payé les consommations ?

I bought her a diamond ou a diamond for her
je lui ai acheté un diamant

19 Shopping

> ### Remarque :
>
> ★ On emploie souvent le génitif anglais pour désigner les magasins. On omet généralement le nom **shop** (ou **store** en anglais américain) après **-'s** :
>
> **I'm going to the grocer's** (sous-entendu the grocer's shop)
> *je vais à l'épicerie* (= chez l'épicier)
>
> **you'll find some at the baker's**
> *tu en trouveras chez le boulanger*

Voir aussi chapitres :

- **2 Les vêtements et la mode**
- **10 Le travail et les métiers**
- **33 L'argent**

20 Sport Le sport

to train	(s')entraîner
to play	jouer
to play football/volleyball	jouer au football/volley
to jump	sauter
to run	courir
to throw	lancer
to serve	servir
to shoot	tirer
to ski	skier
to skate	patiner
to swim	nager
to dive	plonger
to go horseriding	faire de l'équitation
to gallop	galoper
to trot	trotter
to go hunting	aller à la chasse
to go fishing	aller à la pêche
to go skiing	faire du ski
to score a goal/a try	marquer un but/un essai
to be in the lead	mener, être en tête
to win	gagner
to lose	perdre
to beat	battre
to beat a record	battre un record
to draw	faire match nul/être ex aequo
to tie *(Am)*	faire match nul/être ex aequo
to equalize	égaliser
professional	professionnel
amateur	amateur

types of sport les différents sports

aerobics	aérobic
American football *(Br)*	football américain
athletics	athlétisme
backstroke	dos crawlé
badminton	badminton
basketball	basket(-ball)
boxing	boxe

20 Sport

breaststroke	brasse
butterfly	brasse papillon
canoeing	canoë
crawl	crawl
cricket	cricket
cross-country skiing	ski de fond
cycling	cyclisme
diving	plongée
fencing	escrime
fishing	pêche
football	(Br) foot(ball), (Am) football américain
gliding	vol à voile
golf	golf
gymnastics	gymnastique
hang-gliding	deltaplane
high jump	saut en hauteur
hill-walking *(Br)*	randonnée en montagne
hockey	hockey
horseriding	équitation
hunting	chasse
ice hockey	hockey sur glace
jogging	footing, jogging
judo	judo
karate	karaté
long jump	saut en longueur
microlighting	ULM
mountaineering	alpinisme
parachuting	parachutisme
paragliding	parapente
physical training	culture physique
potholing *(Br)*	spéléologie
rock climbing	escalade, varappe
rollerblading	roller
rowing	aviron
rugby	rugby
running	course à pied
sailing	voile
shooting	tir
skating	patinage
skiing	ski
soccer	football
spelunking *(Am)*	spéléologie
squash	squash
surfing	surf
swimming	natation
table tennis	ping-pong

LE SPORT 20

tennis	tennis
volleyball	volley(-ball)
walking	randonnée
water-skiing	ski nautique
weightlifting	haltérophilie
winter sports	sports d'hiver
wrestling	lutte

equipment l'équipement

asymmetric bars	barres asymétriques
ball	ballon, balle, boule
bat	batte
beam	poutre
bicycle, bike	bicyclette, vélo
bowl	boule
boxing gloves	gants de boxe
canoe	canoë
fishing rod	canne à pêche
football boots	chaussures de foot
golf club	club ou crosse de golf
hockey stick	crosse de hockey
net	filet
parallel bars	barres parallèles
saddle	selle
sailboard	planche à voile
sailing boat	voilier
skis	skis
stopwatch	chronomètre
surfboard	surf
tennis racket	raquette de tennis

places les lieux

changing room	vestiaire
cycle track	piste cyclable
diving board	plongeoir
field	terrain
golf course	terrain de golf
ground	terrain, stade
gym(nasium)	gymnase
ice-rink	patinoire
pitch (Br)	terrain
showers	douches
(ski) slope	piste
sports centre	centre sportif

20 Sport

stadium	*stade*
swimming pool	*piscine*
tennis court	*court de tennis*

competing la compétition

training	*entraînement*
team	*équipe*
winning/losing team	*équipe gagnante/perdante*
race	*course*
stage	*étape*
scrum	*mêlée*
try	*essai (rugby)*
time-trial	*course contre la montre*
sprint	*sprint*
match	*match*
game	*partie, match*
half-time	*mi-temps*
goal	*but*
score	*score*
draw	*match nul*
extra time	*prolongation*
penalty kick	*penalty*
penalty shoot-out	*tirs au but*
free kick	*coup franc*
offside	*hors-jeu*
marathon	*marathon*
half-marathon	*semi-marathon*
sporting event	*compétition*
championship	*championnat*
tournament	*tournoi*
rally	*rallye*
event	*épreuve*
heat	*épreuve éliminatoire*
final	*finale*
semi-final	*demi-finale*
quarter-final	*quart de finale*
record	*record*
world record	*record du monde*
World Cup	*Coupe du Monde*
Olympic Games	*jeux Olympiques*
Cup Final	*finale de football*
Six Nations Tournament	*tournoi des Six Nations*
medal	*médaille*
cup	*coupe*

LE SPORT 20

participants les participants

a... player	un(e) joueur (-euse) de...
athlete	athlète
boxer	boxeur (-euse)
centre-forward	avant-centre
cyclist	cycliste
diver	plongeur (-euse)
footballer *(Br)*	footballeur (-euse)
goalkeeper	gardienne de but
long-distance/middle-distance runner	coureur (-euse) de fond/demi-fond
mountaineer	alpiniste
runner	coureur (-euse)
skater	patineur (-euse)
skier	skieur (-euse)
soccer player	footballeur (-euse)
sportsman	sportif
sportswoman	sportive
tennis player	joueur (-euse) de tennis
winger	ailier
referee	arbitre
umpire	arbitre
coach	entraîneur (-euse)
champion	champion(ne)
contestant	concurrent(e), adversaire
runner-up	second(e)
ski instructor	moniteur (-trice) de ski
swimming instructor	maître nageur
supporter	supporter
winner	gagnant(e), vainqueur
loser	perdant(e)

---

he does a lot of sport
il fait beaucoup de sport

she's a black belt in judo
elle est ceinture noire de judo

the two teams drew
les deux équipes ont fait match nul

they drew two all
ils ont fait deux partout

the two contestants drew for third prize
les deux concurrents sont arrivés troisièmes ex aequo

they had to go into extra time
ils ont dû jouer les prolongations

20 Sport

> the runner crossed the finishing line
> *le coureur a franchi la ligne d'arrivée*
>
> we put on a spurt
> *nous avons piqué un sprint*
>
> ready, steady, go!
> *à vos marques, prêts, partez !*
>
> let's go hang-gliding
> *allons faire du deltaplane*

Voir aussi chapitre :

    2   Les vêtements et la mode

21 LEISURE AND HOBBIES Les loisirs et les passe-temps

to be interested in	s'intéresser à
to enjoy oneself	s'amuser
to be bored	s'ennuyer
to have the time to	avoir le temps de
to read	lire
to draw	dessiner
to paint	peindre
to do DIY	bricoler
to build	construire
to take photographs	faire des photos
to collect	collectionner
to cook	cuisiner
to do gardening	jardiner
to sew	coudre
to knit	tricoter
to dance	danser
to sing	chanter
to play	jouer de/à
to take part in	participer à
to win	gagner
to lose	perdre
to beat	battre
to cheat	tricher
to bet	parier
to stake	miser
to go for walks	se promener
to go for a cycle ride	faire un tour en vélo
to cycle	faire du vélo
to go for a drive	faire un tour en voiture
to go fishing	aller à la pêche
to go to the gym	aller à la gym
to work out	faire de l'exercice
to go running	aller courir
interesting	intéressant
fascinating	passionnant

21 Leisure and Hobbies

very keen on	*passionné de*
boring	*ennuyeux*
hobby	*loisir, passe-temps favori*
pastime	*passe-temps*
spare ou leisure time	*temps libre*
voluntary work	*bénévolat*
reading	*lecture*
book	*livre*
cartoon ou comic strip	*bande dessinée (dans un journal)*
comic *(Br)*	*bande dessinée (album)*
comic book *(Am)*	*bande dessinée (album)*
magazine	*revue*
poetry	*poésie*
poem	*poème*
drawing	*dessin*
painting	*peinture*
brush	*pinceau*
canvas	*toile*
sculpture	*sculpture*
pottery	*poterie*
DIY	*bricolage*
model-making	*modélisme*
hammer	*marteau*
screwdriver	*tournevis*
nail	*clou*
screw	*vis*
drill	*perceuse*
saw	*scie*
file	*lime*
glue	*colle*
paint	*peinture*
photography	*photographie*
photo(graph)	*photo(graphie)*
picture	*photo*
shot	*photo, cliché*
camera	*appareil photo*
digital camera	*appareil photo numérique*
camcorder	*Caméscope®*
film	*pellicule*
cinema	*cinéma*
video	*vidéo*
computing	*informatique*
computer	*ordinateur*

LES LOISIRS ET LES PASSE-TEMPS 21

computer game	*jeu électronique*
games console	*console de jeux*
Internet	*Internet*
Internet surfing	*navigation sur Internet*
Internet surfer	*internaute*
stamp collecting	*philatélie*
stamp	*timbre*
album	*album*
scrapbook	*album*
collection	*collection*
cooking	*cuisine*
recipe	*recette*
baking	*cuisson (pain, gâteau)*
gardening	*jardinage*
watering *(Br)* can ou *(Am)* pot	*arrosoir*
flowerpot	*pot de fleurs (vide)*
spade	*pelle*
fork	*fourche*
rake	*râteau*
hoe	*binette*
(wheel)barrow	*brouette*
shears	*cisailles*
hedge clipper(s)	*sécateur, cisailles à haies*
lawnmower	*tondeuse à gazon*
dressmaking	*couture*
sewing machine	*machine à coudre*
needle	*aiguille*
thread	*fil*
thimble	*dé (à coudre)*
pattern	*patron*
knitting	*tricot*
knitting needle	*aiguille à tricoter*
ball of wool	*pelote de laine*
embroidery	*broderie*
tapestry	*tapisserie*
dancing	*danse*
ballet	*ballet*
music	*musique*
singing	*chant*
song	*chanson*
choir	*chorale*
piano	*piano*

21 Leisure and Hobbies

violin	*violon*
cello	*violoncelle*
clarinet	*clarinette*
flute	*flûte*
recorder	*flûte à bec*
guitar	*guitare*
drum	*tambour*
drums	*batterie*
game	*jeu*
toy	*jouet*
board game	*jeu de société*
chess	*échecs*
draughts *(Br)*	*dames*
checkers *(Am)*	*dames*
jigsaw (puzzle)	*puzzle*
cards	*cartes*
dice	*dé*
bet	*pari*
walk	*promenade, randonnée*
drive	*tour en voiture*
outing	*excursion, sortie*
cycling	*cyclisme*
bicycle, bike	*vélo*
birdwatching	*ornithologie*
fishing	*pêche*

---

she's interested **in** pottery
elle s'intéresse à la poterie

she likes knitting
elle aime tricoter

Helen is very **keen on** the cinema
Helen est passionnée de cinéma

he's a **keen** gardener
c'est un passionné du jardinage

Raymond is very good with his hands
Raymond est très bricoleur

I do ø sculpture/tapestry
je fais de la sculpture/tapisserie

I take ballet lessons
je prends des cours de danse

whose turn is it?
c'est à qui de jouer ?

it's your turn
c'est à toi (de jouer)

LES LOISIRS ET LES PASSE-TEMPS 21

Remarque :

★ Faux amis : **camera** signifie à la fois "caméra vidéo" et "appareil photo". De même, **film** désigne non seulement un film en anglais britannique, mais aussi une pellicule photo.

★ Les instruments de musique doivent être précédés de l'article défini **the** après le verbe **play**. Comparez :

I play ø chess	I play the piano
je joue aux échecs	*je fais* ou *joue du piano*

★ **Dice**, pluriel irrégulier de **die** (*dé*), est devenu le terme communément employé au singulier, **die** ne s'utilisant plus que dans les expressions idiomatiques telles que **the die is cast** (*les dés sont jetés*) ou **straight as a die** (*d'une grande honnêteté, franc comme l'or*).
On a donc, avec **dice**, la même forme au singulier et au pluriel :

he threw the **dice**
il a lancé le dé ou *les dés*

Voir aussi chapitres :

- **20 LE SPORT**
- **22 LES MÉDIAS**
- **23 SORTIR LE SOIR**

22 The Media Les médias

to listen to	écouter
to watch	regarder
to read	lire
to switch on	allumer
to switch off	éteindre
to change channels/stations	changer de chaîne/station
to channel-hop ou channel-surf	zapper

radio la radio

radio	poste de radio
walkman®	Walkman®
personal stereo, PA	Walkman®, baladeur
(radio) broadcast	émission (radiophonique)
(radio) programme ou *(Am)* program	émission (radiophonique)
news bulletin	bulletin d'informations
news	informations, journal
weather report	(bulletin) météo
phone-in	émission au cours de laquelle les auditeurs peuvent intervenir par téléphone
interview	interview
charts	hit-parade
single	single
album	album
CD	CD
commercial	spot publicitaire
listener	auditeur (-trice)
disc jockey, DJ	animateur (-trice), disc-jockey, DJ
reception	réception
interference	parasites
station	station
frequency	fréquence

television la télévision

TV	télévision, télé
telly *(Br, Fam)*	télé
television set	téléviseur
colour television	télévision en couleur
black-and-white television	télévision en noir et blanc

LES MÉDIAS 22

screen	écran
aerial *(Br)*	antenne
antenna *(Am)*	antenne
satellite dish	antenne parabolique
channel	chaîne
news channel	chaîne d'information continue
movie channel	chaîne de cinéma
pay-per-view	système de télévision à la carte
programme, *(Am)* program	émission
news	informations
television news	journal télévisé
movie	film
film *(Br)*	film
documentary	documentaire
series	série télévisée
soap opera	feuilleton (populaire), soap opera
sitcom	sitcom
quiz show	jeu télévisé
reality TV	télé-réalité
commercial	pub(licité)
ad	pub(licité)
advert *(Br)*	pub(licité)
newsreader	présentateur (-trice) du journal télévisé
announcer	annonceur (-euse)
presenter	animateur (-trice), présentateur (-trice)
anchor *(Am)*	animateur (-trice), présentateur (-trice)
anchorman/anchorwoman *(Am)*	animateur (-trice), présentateur (-trice)
viewer	téléspectateur (-trice)
cable TV	télévision par câble
satellite TV	télévision par satellite
digital TV	télévision numérique
video (recorder) *(Br)*	magnétoscope
VCR *(Am)*	magnétoscope
DVD (player)	lecteur (de) DVD

press la presse

(news)paper	journal
morning/evening paper	journal du matin/soir
daily	quotidien
weekly	hebdomadaire
monthly	mensuel
magazine	magazine, revue
gutter press	presse à scandale
broadsheet *(Br)*	journal plein format (de qualité)
tabloid *(Br)*	tabloïde
journalist	journaliste

22 THE MEDIA

reporter	reporter
chief editor	rédacteur en chef
(press) report	reportage
article	article
headline	gros titre
(regular) column	rubrique
sports column	rubrique sportive
agony column	courrier du cœur
business column	rubrique économie
advertisement	une publicité
advertising	la publicité
classified ads	petites annonces
small ads	petites annonces
press conference	conférence de presse
news agency	agence de presse
circulation	tirage

---

on short/medium/long wave
sur ondes courtes/moyennes/longues

on the radio/air
à la radio/sur les ondes

what's on television tonight?   live from Wimbledon
qu'est-ce qu'il y a à la télé ce soir ?   *en direct de Wimbledon*

could you change ø channels, please?
est-ce que tu peux changer de chaîne, s'il te plaît ?

the hijacking made the headlines
le détournement a fait la une des journaux

Remarque :

★ Le "programme de télévision" se dit **TV guide** tandis que **programme** signifie "émission" (de télévision ou de radio).

★ Attention : **news** est un nom indénombrable. On aura ainsi :

  yesterday, the news **was** very depressing
  hier, les informations étaient vraiment déprimantes

23 Evenings Out
Sortir le soir

to go out	sortir
to dance	danser
to go dancing	aller danser
to go clubbing	aller en boîte
to go to the casino	aller au casino
to invite	inviter
to give	donner, offrir
to bring	apporter
to book	réserver
to applaud	applaudir
to accompany	accompagner
to kiss	embrasser
to go/come home	rentrer (chez soi)
together	ensemble
alone	seul

shows les spectacles

theatre, *(Am)* theater	théâtre
play	pièce
comedy	comédie
tragedy	tragédie
musical	comédie musicale
opera	opéra
operetta	opérette
ballet	ballet
costume	costume
stage	scène
set	décors
wings	coulisses
curtain	rideau
cloakroom	vestiaire
orchestra	orchestre (musiciens)
orchestra *(Am)*	orchestre (fauteuils)
stalls *(Br)*	orchestre (fauteuils)
dress circle	balcon
box	loge
gods *(Br)*	poulailler
peanut gallery *(Am)*	poulailler

23 Evenings Out

interval *(Br)*	*entracte*
intermission	*entracte*
programme, *(Am)* program	*programme*
classical music concert	*concert de musique classique*
rock concert	*concert de rock*
gig	*concert*
show	*spectacle*
festival	*festival*
circus	*cirque*
fireworks	*feu d'artifice*
audience	*spectateurs*
usherette	*ouvreuse*
actor/actress	*acteur (-trice)*
dancer	*danseur (-euse)*
conductor	*chef d'orchestre*
musician	*musicien(ne)*
magician	*magicien(ne)*
clown	*clown*
acrobat	*acrobate*

the cinema le cinéma

movie	*film*
film *(Br)*	*film*
cinema *(Br)*	*cinéma*
movie theater *(Am)*	*cinéma*
ticket office	*guichet*
showing	*séance*
ticket	*billet*
screen	*écran, salle*
projector	*projecteur*
trailer	*bande-annonce*
film buff	*cinéphile*
cartoon	*dessin animé*
documentary	*film documentaire*
historical movie ou *(Br)* film	*film historique*
horror movie ou *(Br)* film	*film d'horreur*
science-fiction movie ou *(Br)* film	*film de science-fiction*
thriller	*thriller, film à suspense*
action movie ou *(Br)* film	*film d'action*
western	*western*
film with subtitles	*film en version originale*
subtitles	*sous-titres*

SORTIR LE SOIR 23

dubbing	doublage
black-and-white movie ou *(Br)* film	film en noir et blanc
director	metteur en scène, réalisateur (-trice)
producer	producteur (-trice)
film maker	cinéaste, réalisateur (-trice)
actor/actress	acteur (-trice)
star	vedette

going dancing sortir danser

dance	bal
disco	discothèque
(night)club	boîte (de nuit)
record	disque
compact disc, CD	disque compact, CD
dance floor	piste de danse
cloakroom	vestiaire
dance (music)	dance
rock	rock
band	groupe
pop group	groupe pop
folk (music)	musique folk
slow dance	slow
DJ	disc-jockey, DJ
singer	chanteur (-euse)
bouncer	videur

eating out au restaurant

restaurant	restaurant
Chinese/Italian/Indian restaurant	restaurant chinois/italien/indien
fast-food restaurant	fast-food
bar	bar, café
pub	pub
waiter	garçon
waitress	serveuse
head waiter	maître d'hôtel
menu	carte
dish of the day, special	plat du jour
wine list	carte des vins
bill *(Br)*	addition
check *(Am)*	addition
tip	pourboire

23 EVENINGS OUT

entertaining les invitations

guest	*invité*
host	*hôte*
hostess	*hôtesse*
present	*cadeau*
drink	*boisson*
cocktail	*cocktail*
crisps *(Br)*	*chips*
(potato) chips *(Am)*	*chips*
peanuts	*cacahuètes*
party	*fête, soirée*
dinner party	*dîner (sur invitation)*
celebration	*fête*
birthday	*anniversaire*
birthday cake	*gâteau d'anniversaire*
candles	*bougies*

I booked two tickets to go and see him in concert
j'ai réservé deux places pour aller le voir en concert

it was sold out
c'était complet

encore!
bis ! une autre !

let's go and have a drink somewhere
allons prendre un verre quelque part

service included
service compris

do you have anything planned for tonight?
tu as quelque chose de prévu ce soir ?

would you like to go to *(Br)* the cinema ou *(Am)* the movies?
est-ce que tu veux aller au cinéma ?

Nicole Kidman is starring in the main role
Nicole Kidman a le rôle principal

his film was released last month
son film est sorti le mois dernier

I was given a flier for a new club
on m'a donné un prospectus pour une nouvelle boîte

would you like to dance with me?
voulez-vous danser avec moi ?

there's a party at her place
il y a une soirée chez elle

Voir aussi chapitre :

17 LA NOURRITURE

24 MY ROOM
MA CHAMBRE

floor	*plancher*
(fitted) carpet	*moquette*
(wooden) floor ou flooring	*parquet*
parquet floor ou flooring	*parquet*
ceiling	*plafond*
door	*porte*
window	*fenêtre*
curtains *(Br)*	*rideaux*
drapes *(Am)*	*rideaux*
shutters	*volets*
blinds	*stores*
wallpaper	*papier peint, tapisserie*

furniture les meubles

bed	*lit*
single bed	*lit à une place*
double bed	*lit à deux places, grand lit*
twin beds	*lits jumeaux*
bunk bed	*lit superposé*
four-poster (bed)	*lit à baldaquin*
sofa bed	*canapé-lit*
bedside table	*table de chevet*
chest of drawers	*commode*
dressing table	*coiffeuse*
wardrobe	*penderie, armoire*
cupboard	*placard*
desk	*bureau*
chair	*chaise*
stool	*tabouret*
armchair	*fauteuil*
shelves	*étagères*
bookcase	*bibliothèque*

objects les objets

lamp	*lampe*
bedside lamp	*lampe de chevet*
desk lamp	*lampe de bureau*

24 My Room

lampshade	*abat-jour*
bedspread	*dessus-de-lit*
quilt	*édredon, dessus-de-lit, couette*
duvet *(Br)*	*couette*
quilt ou *(Br)* duvet cover	*housse de couette*
blanket	*couverture*
sheet	*drap*
pillow	*coussin*
pillowcase, pillow slip	*taie d'oreiller*
alarm clock	*réveil*
radio alarm	*radio-réveil*
hi-fi	*chaîne (hi-fi)*
rug	*tapis (de petite taille)*
poster	*poster, affiche*
picture	*tableau*
photograph	*photo*
mirror	*miroir*
hanger	*cintre*
drawer	*tiroir*
book	*livre*
magazine	*revue*
comic	*bande dessinée*
diary	*journal (intime), agenda*
game	*jeu*
toy	*jouet*
cuddly toy	*peluche*
computer	*ordinateur*

---

come in!
entre !

it's time to get up!
c'est l'heure de se lever !

come on now, it's bedtime!
maintenant, au lit !

why are you still in ø bed?
pourquoi es-tu encore au lit ?

go to ø bed, I'll come and tuck you in
va te coucher, je viendrai te border

turn off your bedside lamp
éteins ta lampe de chevet

Voir aussi chapitres :

- 15   **La vie quotidienne et le sommeil**
- 25   **La maison**

25 The House La maison

to live	habiter
to move (house)	déménager
to move in/into	emménager/emménager dans
to move out/out of	déménager/déménager de
rent	loyer
mortgage	prêt ou crédit immobilier
removal	déménagement
tenant	locataire
owner	propriétaire
caretaker	concierge
removal man	déménageur
house	maison
detached house	maison individuelle
semi-detached house	maison jumelée
terraced houses	rangée de maisons contiguës
housing estate *(Br)*	lotissement
flat *(Br)*	appartement
apartment *(Am)*	appartement
council house/flat *(Br)*	habitation à loyer modéré/HLM
block of flats *(Br)*	immeuble
apartment building *(Am)*	immeuble
studio *(Br)* flat ou *(Am)* apartment	studio
furnished *(Br)* flat ou *(Am)* apartment	meublé
to let *(Br)*	à louer
for rent *(Am)*	à louer
for sale	à vendre

parts of the house les parties de la maison

cellar	cave
basement	sous-sol
ground floor *(Br)*	rez-de-chaussée
first floor *(Am)*	rez-de-chaussée
first floor *(Br)*	premier étage
floor	étage

25 THE HOUSE

storey, *(Am)* story	*étage*
attic	*grenier*
loft	*grenier*
loft conversion	*grenier aménagé*
attic room	*mansarde*
room	*pièce*
landing	*palier*
stairs	*escaliers*
step	*marche*
banister	*rampe*
lift *(Br)*	*ascenseur*
elevator *(Am)*	*ascenseur*
wall	*mur*
roof	*toit*
roof tile	*tuile*
slate	*ardoise*
chimney	*cheminée (conduit)*
fireplace	*cheminée (âtre)*
hearth	*âtre, foyer, cheminée*
door	*porte*
front door	*porte d'entrée*
window	*fenêtre*
bay window	*fenêtre en saillie*
French window *(Br)*	*porte-fenêtre*
terrace	*terrasse*
balcony	*balcon*
garden	*jardin*
vegetable garden	*jardin potager*
patio	*patio*
courtyard	*cour*
garage	*garage*
upstairs	*en haut*
downstairs	*en bas*

the rooms les pièces

entrance (hall)	*entrée*
hall	*entrée, (Am) couloir*
kitchen	*cuisine*
dining room	*salle à manger*
living room	*salle de séjour*
sitting room	*salon*
lounge	*salon*
playroom	*salle de jeux*

LA MAISON 25

study	*bureau*
den *(Am)*	*bureau*
library	*bibliothèque*
bedroom	*chambre (à coucher)*
bathroom	*salle de bains, (Am) toilettes*
toilet *(Br)*	*toilettes, W.-C.*
loo *(Br, Fam)*	*toilettes*
utility room	*buanderie*
storage room	*débarras*
conservatory	*véranda*
veranda	*terrasse, porche*

furniture les meubles

chair	*chaise*
armchair	*fauteuil*
rocking chair	*rocking-chair*
sofa	*canapé*
table	*table*
coffee table	*table basse*
cupboard	*placard*
dresser	*(Br) vaisselier, (Am) commode*
bookcase	*bibliothèque*
sideboard	*buffet*
trolley	*table roulante*
desk	*bureau*
shelves	*étagères*
bed	*lit*
wardrobe	*armoire*
shower	*douche*
bath *(Br)*	*baignoire*
bathtub *(Am)*	*baignoire*
washbasin *(Br)*	*lavabo*
washbowl *(Am)*	*lavabo*
bidet	*bidet*
bathroom cabinet	*armoire de toilette*

objects and fittings les objets et l'aménagement

aerial *(Br)*	*antenne*
antenna *(Am)*	*antenne*
ashtray	*cendrier*
basin *(Br)*	*bassine*
bathmat	*descente de bain*
bin *(Br)*	*poubelle*

25 THE HOUSE

boiler	chaudière
bolt	verrou
bowl	bassine, cuvette
candle	bougie
candlestick	chandelier
(fitted) carpet	moquette
central heating	chauffage central
clock	horloge, pendule
coat rack	portemanteau
cushion	coussin
doorbell	sonnette
door-handle	poignée
doorknob	poignée
doormat	paillasson
dustbin *(Br)*	poubelle
faucet *(Am)*	robinet
frame	cadre
garbage can *(Am)*	poubelle
gutter	gouttière
Hoover® *(Br)*	aspirateur
key	clé
keyhole	trou de serrure
ladder	échelle
lamp	lampe
letterbox *(Br)*	boîte à lettres
lock	serrure
magazine rack	porte-revues
mailbox *(Am)*	boîte à lettres
mirror	glace, miroir
ornament	bibelot
outlet *(Am)*	prise de courant
partition	cloison
photograph	photo
picture	tableau
poster	poster, affiche
radiator	radiateur
rug	tapis
(bathroom) scales ou *(Am)* scale	pèse-personne
sink	évier
socket *(Br)*	prise de courant
standard lamp	lampadaire
tap *(Br)*	robinet
tile	carreau (au sol, au mur)
trash can *(Am)*	poubelle
umbrella stand	porte-parapluie
vacuum cleaner	aspirateur
vase	vase

wallpaper	*papier peint, tapisserie*
wastepaper basket	*corbeille à papiers*
cassette	*cassette*
cassette recorder	*magnétophone à cassettes*
CD player	*lecteur de CD*
compact disc, CD	*disque compact, CD*
computer	*ordinateur*
DVD player	*lecteur (de) DVD*
hi-fi	*chaîne hi-fi*
portable television	*téléviseur portable*
radio	*radio*
radio cassette player	*radiocassette*
record	*disque*
tape recorder	*magnétophone*
VCR *(Am)*	*magnétoscope*
video	*vidéo (film)*
video (recorder) *(Br)*	*magnétoscope*
video (tape)	*cassette vidéo*

the garden   le jardin

lawn	*pelouse*
grass	*gazon*
weeds	*mauvaises herbes*
weedkiller	*désherbant*
flowerbed	*parterre (de fleurs)*
flowerpot	*pot de fleurs (vide)*
greenhouse	*serre*
garden furniture	*meubles de jardin*
deckchair	*transat*
sun (lounger)	*lit de plage*
swing	*balançoire*
(wheel)barrow	*brouette*
spade	*pelle*
fork	*fourche*
rake	*râteau*
hoe	*binette*
(pair of) secateurs	*sécateur (pour les fleurs)*
pruning shears	*sécateur (pour les haies)*
shears	*cisailles*
lawnmower	*tondeuse à gazon*
watering *(Br)* can ou *(Am)* pot	*arrosoir*
hose	*tuyau d'arrosage*
barbecue	*barbecue*
garden shed	*abri de jardin*
path	*allée*
gate	*grille, portail*

25 THE HOUSE

> our house is **up for sale**
> *nous avons mis notre maison en vente*
>
> when are you **moving out**?
> *quand est-ce que tu déménages ?*
>
> a fire was burning in the **hearth**
> *il y avait du feu dans la cheminée*
>
> he left the **hall** light on
> *il a laissé la lumière allumée dans l'entrée*

Remarque :

★ Faux amis : **cave** signifie "grotte, caverne" ; "cave" se dit **cellar**.

Library signifie "bibliothèque" ; "librairie" se dit **bookshop** en anglais britannique et **bookstore** en anglais américain. "Une bibliothèque" (le meuble) se dit **a bookcase**.

★ Ne confondez pas **desk, office** et **study**, tous les trois se traduisent par "bureau". Cependant, **desk** correspond au meuble tandis que **office** et **study** font référence à la pièce, le premier sur le lieu de travail et le second dans une maison. Comparez :

> the map is on my **desk**   our computer is in the **study**
> *la carte est sur mon bureau*   *notre ordinateur est dans le bureau*
>
> she's been transferred to the Paris **office**
> *elle a été mutée au bureau de Paris*

★ Attention : **first floor** signifie "premier étage" en anglais britannique mais "rez-de-chaussée" en anglais américain. En Grande-Bretagne, le rez-de-chaussée se dit **ground floor**. Aux États-Unis, on emploiera donc **second floor** pour désigner le premier étage, **third floor** pour le deuxième étage, et ainsi de suite.

Voir aussi chapitres :

- **17 LA NOURRITURE**
- **18 LES TRAVAUX MÉNAGERS**
- **24 MA CHAMBRE**
- **28 LA NATURE**

26 The City La ville

town	*ville (petite, moyenne)*
city	*(grande) ville*
village	*village*
capital (city)	*capitale*
suburbs	*(proche) banlieue*
outskirts	*faubourgs, (grande) banlieue*
district	*quartier*
surroundings	*environs*
area	*quartier, région*
built-up area	*agglomération*
industrial estate *(Br)*	*zone industrielle*
residential district	*quartier résidentiel*
(shopping) mall	*galerie marchande, centre commercial*
shopping centre *(Br)*	*centre commercial*
shop *(Br)*	*magasin*
store *(Am)*	*magasin*
old town	*vieille ville*
town ou city centre *(Br)*	*centre(-ville)*
downtown *(Am)*	*centre(-ville)*
market town	*bourg*
(university) halls of residence *(Br)*	*cité universitaire*
housing estate *(Br)*	*cité, lotissement*
dormitory town	*cité-dortoir*
slums	*quartiers pauvres*
avenue	*avenue*
boulevard	*boulevard*
cul-de-sac	*cul-de-sac, impasse*
dead end	*impasse, voie sans issue*
bypass	*rocade*
ring road *(Br)*	*périphérique*
beltway *(Am)*	*périphérique*
square	*place*
quay	*quai*
embankment	*talus (le long de la route)*
road	*route, chaussée*
motorway *(Br)*	*autoroute*
freeway *(Am)*	*autoroute*
rest area	*aire de repos*
block	*pâté de maisons*
street	*rue*
shopping street	*rue commerçante*

26 THE CITY

pedestrian precinct (Br)	rue piétonne
main street (Br)	rue principale
alley(way)	ruelle
roadway	chaussée
pavement	(Br) trottoir, (Am) chaussée
sidewalk (Am)	trottoir
junction	croisement, carrefour
intersection (Am)	croisement, carrefour
roundabout (Br)	rond-point
traffic circle (Am)	rond-point
traffic lights	feux
traffic jam	embouteillage
car park (Br)	parking
parking lot ou garage (Am)	parking
(parking) meter	parcmètre
underground (Br) car park ou (Am) parking lot	parking souterrain
paving stone	pavé
gutter	caniveau
sewers	égouts
park	parc
street lamp	lampadaire
streetlight	lampadaire
(public) gardens	jardin public
cemetery	cimetière
graveyard	cimetière
churchyard	cimetière (autour d'une église)
bridge	pont
harbour, (Am) harbor	port
wharf	quai
airport	aéroport
railway station (Br)	gare
railroad station (Am)	gare
stadium	stade
football pitch (Br)	terrain de foot
tennis court	court de tennis
gym	gymnase
swimming pool	piscine

buildings les édifices

building	bâtiment
block of flats (Br)	immeuble
apartment building (Am)	immeuble
public building	édifice public

La ville 26

town hall *(Br)*	*hôtel de ville, mairie*
city hall *(Am)*	*hôtel de ville, mairie*
court *(Br)*	*tribunal*
courthouse *(Am)*	*tribunal*
tourist information office ou centre ou *(Am)* center	*office du tourisme*
post office	*(bureau de) poste*
newsagent's *(Br)*	*marchand de journaux*
library	*bibliothèque*
police station	*gendarmerie, poste de police*
school	*école*
secondary school *(Br)*	*lycée*
high school *(Am)*	*lycée*
university	*université*
college *(Br)*	*établissement d'enseignement supérieur*
barracks	*caserne*
fire station	*caserne des pompiers*
prison	*prison*
factory	*usine*
hospital	*hôpital*
old people's home	*maison de retraite*
retirement home	*maison de retraite*
community centre	*foyer municipal*
arts centre	*centre culturel*
theatre, *(Am)* theater	*théâtre*
cinema	*cinéma*
movie theater *(Am)*	*cinéma*
opera (house)	*opéra*
museum	*musée*
art gallery	*musée d'art, galerie d'art*
castle	*château*
palace	*palais*
tower	*tour*
skyscraper	*gratte-ciel*
cathedral	*cathédrale*
abbey	*abbaye*
church	*église, temple*
chapel	*chapelle*
steeple	*clocher*
synagogue	*synagogue*
mosque	*mosquée*
memorial	*monument commémoratif*
monument	*monument*
war memorial	*monument aux morts*
statue	*statue*
fountain	*fontaine*

26 The City

people les gens

city-dweller	*citadin(e)*
inhabitant	*habitant(e)*
passer-by	*passant(e)*
onlooker	*badaud*
tourist	*touriste*

Greater London
l'agglomération de Londres

we're going (in)to town
nous allons en ville

she lives in town ou (*Am*) downtown
elle habite en ville

he commutes from Leicester to London
il fait la navette entre Leicester et Londres pour aller travailler

Voir aussi chapitres :

- **19 Les achats**
- **23 Sortir le soir**
- **27 Sur la route**
- **44 Les transports en commun**
- **48 Les termes géographiques**
- **66 Les directions**

27 ON THE ROAD
SUR LA ROUTE

to drive	conduire
to start the car	démarrer (la voiture)
to slow down	ralentir
to brake	freiner
to accelerate	accélérer
to speed up	prendre de la vitesse
to change gear *(Br)*	changer de vitesse
to shift gears *(Am)*	changer de vitesse
to *(Br)* change ou *(Am)* shift down	rétrograder
to *(Br)* change ou *(Am)* shift up	passer la vitesse supérieure
to stop	s'arrêter
to park	se garer, stationner
to overtake *(Br)*	dépasser, doubler
to pass *(Am)*	dépasser, doubler
to do a U-turn	faire demi-tour
to reverse	faire marche arrière
to back up	faire marche arrière
to switch on one's lights	allumer ses phares
to switch off one's lights	éteindre ses phares
to flash one's headlights	faire des appels de phares
to put one's headlights on full beam	se mettre en pleins phares
to cross	traverser
to go through	traverser
to check	vérifier
to give way *(Br)*	céder la priorité ou le passage
to yield *(Am)*	céder la priorité ou le passage
to have (the) right of way	avoir la priorité
to sound ou *(Fam)* honk one's horn	klaxonner
to hoot (one's horn) *(Br)*	klaxonner
to skid	déraper
to break down	tomber en panne
to run out of *(Br)* petrol ou *(Am)* gas	tomber en panne d'essence
to fill up	faire le plein
to change a wheel	changer une roue
to tow	remorquer
to repair	réparer
to commit an offence	être en infraction

27 On the Road

to keep to the speed limit	*respecter la limitation de vitesse*
to break the speed limit	*dépasser la limite de vitesse*
to jump ou go through a red light	*brûler un feu*
to ignore ou go through a stop sign	*brûler un stop*

vehicles les véhicules

car	*voiture, automobile*
automatic (car)	*voiture à boîte automatique*
manual car	*voiture à boîte manuelle*
second-hand car	*voiture d'occasion*
old heap ou *(Br)* banger *(Fam)*	*vieux tacot, vieille bagnole*
two/four-door car	*(voiture à) deux/quatre portes*
hatchback	*(voiture à) cinq portes*
estate (car) *(Br)*	*break*
station wagon *(Am)*	*break*
saloon (car) *(Br)*	*berline*
sedan *(Am)*	*berline*
racing car	*voiture de course*
sports car	*voiture de sport*
front-wheel drive car	*traction avant*
four-wheel drive (car), four-by-four (4X4)	*voiture à quatre roues motrices, quatre-quatre*
right-hand drive car	*voiture avec conduite à droite*
convertible	*décapotable*
c.c.	*cylindrée*
make	*marque*
taxi	*taxi*
cab	*taxi*
lorry *(Br)*	*camion*
truck *(Am)*	*camion*
articulated lorry *(Br)*	*semi-remorque*
trailer truck *(Am)*	*semi-remorque*
van	*camionnette*
breakdown lorry *(Br)*	*dépanneuse*
tow truck *(Am)*	*dépanneuse*
motorbike	*moto*
moped	*Mobylette®, vélomoteur*
scooter	*scooter*
camper (van)	*camping-car*
Dormobile® *(Br)*	*camping-car*
caravan *(Br)*	*caravane*
trailer	*remorque, (Am) caravane*

SUR LA ROUTE 27

road users les usagers de la route

motorist *(Br)*	*automobiliste*
driver	*automobiliste, conducteur (-trice)*
reckless driver	*chauffard*
hit-and-run driver	*conducteur (-trice) coupable de délit de fuite*
Sunday driver	*chauffeur du dimanche*
passenger	*passager (-ère)*
taxi ou cab driver	*chauffeur de taxi*
lorry driver *(Br)*	*routier, camionneur (-euse)*
truck driver *(Am)*	*routier, camionneur (-euse)*
motorcyclist	*motocycliste*
biker *(Fam)*	*motard(e)*
cyclist	*cycliste*
hitchhiker	*auto-stoppeur (-euse)*
pedestrian	*piéton(ne)*

car parts les parties de la voiture

accelerator	*accélérateur*
back seat	*siège arrière*
battery	*batterie*
body	*carrosserie*
bonnet *(Br)*	*capot*
boot *(Br)*	*coffre*
brake	*frein*
brake lights	*feux de stop*
bumper	*pare-chocs*
car radio	*autoradio*
carburettor	*carburateur*
chassis	*châssis*
choke	*starter*
clutch	*embrayage*
dashboard	*tableau de bord*
door	*portière*
emergency brake *(Am)*	*frein à main*
engine	*moteur*
exhaust (pipe) *(Br)*	*pot d'échappement*
fan belt	*courroie de ventilateur*
fender *(Am)*	*aile*
fifth gear	*cinquième (vitesse)*
first gear	*première (vitesse)*
flasher *(Am)*	*clignotant*
fog lamp	*phare antibrouillard*
fourth gear	*quatrième (vitesse)*

27 ON THE ROAD

front seat	*siège avant*
gas cap *(Am)*	*bouchon*
gas gauge *(Am)*	*jauge d'essence*
gas pedal *(Am)*	*accélérateur*
gas tank *(Am)*	*réservoir*
gear lever ou stick *(Br)*	*levier de vitesse*
gear shift *(Am)*	*levier de vitesse*
gearbox	*boîte de vitesses*
gears	*vitesses*
glove compartment	*boîte à gants*
handbrake *(Br)*	*frein à main*
heating	*chauffage*
hood *(Am)*	*capot*
horn	*Klaxon®*
hubcap	*enjoliveur*
ignition	*allumage*
indicator *(Br)*	*clignotant*
jack	*cric*
hazard (warning) lights	*feux de détresse*
headlights	*feux de croisement*
license plate *(Am)*	*plaque d'immatriculation*
lights	*phares*
lock	*serrure*
neutral	*point mort*
number ou registration plate *(Br)*	*plaque d'immatriculation*
oil gauge	*jauge (de niveau) d'huile*
overdrive	*(vitesse) surmultipliée, overdrive*
pedal	*pédale*
petrol cap *(Br)*	*bouchon*
petrol gauge *(Br)*	*jauge d'essence*
petrol tank *(Br)*	*réservoir*
radiator	*radiateur*
rear lights *(Br)*	*feux arrière*
rearview mirror	*rétroviseur central*
reverse	*marche arrière*
roof rack	*galerie*
seat belt	*ceinture de sécurité*
second gear	*seconde (vitesse)*
stick shift *(Am)*	*rétroviseur latéral*
side lamps *(Am)*	*feux de position, veilleuses*
side-view mirror *(Am)*	*rétroviseur latéral*
sidelights *(Br)*	*feux de position, veilleuses*
spare part	*pièce détachée ou de rechange*
spare wheel *(Br)*	*roue de secours*
spark plug	*bougie*
speedometer	*compteur (de vitesse)*
steering wheel	*volant*

SUR LA ROUTE 27

suspension	suspension
tail lamps *(Am)*	feux arrière
tail pipe *(Am)*	pot d'échappement
tail lights *(Br)*	feux arrière
third gear	troisième (vitesse)
transmission	transmission
trunk *(Am)*	coffre
tyre, *(Am)* tire	pneu
warning lights	feux de détresse
wheel	roue
window	vitre
windscreen *(Br)*	pare-brise
windshield *(Am)*	pare-brise
windscreen wiper *(Br)*	essuie-glace
windshield wiper *(Am)*	essuie-glace
wing *(Br)*	aile
wing mirror *(Br)*	rétroviseur latéral
petrol *(Br)*	essence
gas *(Am)*	essence
two-star (petrol) *(Br)*	(essence) ordinaire
regular *(Am)*	(essence) ordinaire
four-star (petrol) *(Br)*	super
premium *(Am)*	super
unleaded *(Br)* petrol ou *(Am)* gas	(essence) sans plomb
fuel	carburant
diesel	diesel
oil	huile
antifreeze	antigel
exhaust fumes	gaz d'échappement

problems les problèmes

garage	garage
(car) mechanic	mécanicien(ne)
repairs	réparations
service station	station-service
petrol station *(Br)*	station-service
gas station *(Am)*	station-service
petrol pump *(Br)*	pompe à essence
gas pump *(Am)*	pompe à essence
insurance	assurance
third-party insurance	assurance au tiers
comprehensive insurance	assurance tous risques
insurance policy	police d'assurance
driving licence *(Br)*	permis de conduire
driver's license *(Am)*	permis de conduire

27 On the Road

car registration papers	*carte grise*
green card	*carte verte (assurance)*
(road) tax disc *(Br)*	*vignette*
(car) registration sticker *(Am)*	*vignette*
Highway Code *(Br)*	*code de la route*
rules of the road *(Am)*	*code de la route*
speed	*vitesse*
speeding	*excès de vitesse*
offence	*infraction*
(parking) ticket	*PV*
(wheel) clamp	*sabot de Denver*
pound	*fourrière*
fine	*amende*
right of way	*priorité*
no parking (sign)	*(panneau de) stationnement interdit*
flat tyre ou *(Am)* tire	*crevaison, pneu crevé*
breakdown	*panne*
traffic jam	*embouteillage*
detour	*déviation*
diversion *(Br)*	*déviation*
roadworks	*travaux*
(black) ice *(Br)*	*verglas*
(glare) ice *(Am)*	*verglas*
visibility	*visibilité*

driving along sur la route

traffic	*circulation*
road map	*carte routière*
road	*route*
main road *(Br)*	*grande route, nationale*
A road *(Br)*	*nationale*
highway *(Am)*	*nationale*
B road *(Br)*	*départementale*
motorway *(Br)*	*autoroute*
freeway *(Am)*	*autoroute*
interstate (highway) *(Am)*	*autoroute*
turnpike *(Am)*	*autoroute à péage*
bypass	*rocade*
one-way street	*(rue à) sens unique*
lane	*voie, file*
road sign	*panneau de signalisation*
stop sign	*stop*
traffic lights	*feux*
pavement	*(Br) trottoir, (Am) chaussée*

SUR LA ROUTE 27

sidewalk *(Am)*	trottoir
pedestrian ou zebra crossing *(Br)*	passage clouté
crosswalk *(Am)*	passage clouté
bend *(Br)*	virage
turn *(Am)*	virage
central reservation *(Br)*	terre-plein central
center divider strip *(Am)*	terre-plein central
crossroads	carrefour, croisement
junction	carrefour, embranchement
roundabout *(Br)*	rond-point
traffic circle *(Am)*	rond-point
toll	péage
service area	aire de service
level crossing *(Br)*	passage à niveau
grade crossing *(Am)*	passage à niveau
(parking) meter	parcmètre

what make is it? – it's a Rover
elle est de quelle marque ? – c'est une Rover

could you check the tyre pressure/oil level?
pouvez-vous vérifier la pression des pneus/le niveau d'huile ?

get into third gear!   fasten your seat belt!
passe en troisième !   *mettez votre ceinture !*

he dipped his headlights/switched to sidelights
il a mis ses phares en code/veilleuse

she was doing 70 miles an hour
elle roulait à 110 (kilomètres) à l'heure

this car does... miles to the gallon   he lost his driving licence
cette voiture fait du... litres au cent   *on lui a retiré son permis*

in England, they drive on the left   I'm at the wheel
en Angleterre, on roule à gauche   *c'est moi qui suis au volant*

you've gone the wrong way   you'll find a crossroads
tu t'es trompé de route   *tu verras un carrefour*

I sat my driving test on Monday – did you pass?
j'ai passé mon permis de conduire lundi – tu l'as eu ?

a car was double-parked
une voiture stationnait en double file

he always picks up hitchhikers   I'll pick you up at 5
il prend toujours des auto-stoppeurs   *je viendrai te chercher à 17 heures*

27 On the Road

Remarque :

★ Le pronom personnel qui s'utilise habituellement pour désigner un moyen de transport est **it** :

where's the car? – **it**'s in the driveway
où est la voiture ? – elle est dans l'allée

Cependant, on trouve parfois le pronom féminin pour une voiture. Par cet emploi, le locuteur montre qu'il est attaché à sa voiture :

she's been a long way, this old car
elle en a fait du chemin, cette vieille voiture

fill **her** up ou fill **it** up, please
le plein, s'il vous plaît

Voir aussi chapitre :

53   LES ACCIDENTS

28 NATURE La nature

to grow	pousser, croître
to flower	fleurir
to blossom	éclore, fleurir
to bloom	éclore, fleurir
to bud	bourgeonner
to wither (away)	faner
to die	mourir

landscape le paysage

field	champ
meadow	pré
forest	forêt
wood	bois
clearing	clairière
orchard	verger
moor	lande
marsh	marais
desert	désert
jungle	jungle
swamp	marécage

plants les plantes

tree	arbre
shrub	arbuste, arbrisseau
bush	buisson
root	racine
trunk	tronc
branch	branche
twig	brindille
shoot	pousse
bud	bourgeon
flower	fleur
blossom	floraison
leaf	feuille
foliage	feuillage
bark	écorce
treetop	cime

28 NATURE

pine cone	*pomme de pin*
pine needles	*aiguilles de pin*
horse chestnut	*marron*
acorn	*gland*
berry	*baie*
clover	*trèfle*
(edible) mushroom	*champignon (comestible)*
toadstool	*champignon vénéneux*
bracken	*fougère*
fern	*fougère*
grass	*herbe*
heather	*bruyère*
holly	*houx*
ivy	*lierre*
mistletoe	*gui*
moss	*mousse*
reed	*roseau*
seaweed	*algues*
vine	*vigne*
vineyard	*vignoble*
weeds	*mauvaises herbes*

trees les arbres

conifer	*conifère*
deciduous tree	*arbre à feuilles caduques*
evergreen	*arbre à feuilles persistantes*
ash	*frêne*
beech	*hêtre*
birch	*bouleau*
cedar	*cèdre*
chestnut	*châtaignier*
cypress	*cyprès*
elm	*orme*
fir	*sapin*
horse chestnut	*marronnier*
maple	*érable*
oak	*chêne*
pine	*pin*
plane	*platane*
poplar	*peuplier*
walnut	*noyer*
weeping willow	*saule pleureur*
yew	*if*

fruit trees and bushes — les arbres et les arbustes fruitiers

almond tree	*amandier*
apple tree	*pommier*
apricot tree	*abricotier*
banana tree	*bananier*
blackberry bush	*mûrier*
blackcurrant bush	*cassis*
cherry tree	*cerisier*
fig tree	*figuier*
lemon tree	*citronnier*
orange tree	*oranger*
peach tree	*pêcher*
pear tree	*poirier*
plum tree	*prunier*
raspberry bush ou cane	*framboisier*
redcurrant bush	*groseillier rouge*
strawberry plant	*fraisier*

flowers — les fleurs

wild flower	*fleur sauvage*
stem	*tige*
petal	*pétale*
pollen	*pollen*
anemone	*anémone*
buttercup	*bouton d'or*
carnation	*œillet*
chrysanthemum	*chrysanthème*
cornflower	*bleuet*
daffodil	*jonquille*
daisy	*marguerite, pâquerette*
dandelion	*pissenlit*
geranium	*géranium*
hawthorn	*aubépine*
honeysuckle	*chèvrefeuille*
hyacinth	*jacinthe*
iris	*iris*
jasmine	*jasmin*
lilac	*lilas*
lily	*lis*
lily of the valley	*muguet*
orchid	*orchidée*

28 Nature

petunia	*pétunia*
poppy	*coquelicot, pavot*
primrose	*primevère*
rhododendron	*rhododendron*
rose	*rose*
snowdrop	*perce-neige*
sweet pea	*pois de senteur*
tulip	*tulipe*
violet	*violette*

---

the roses are just coming into blossom ou bloom
les roses commencent tout juste à fleurir ou à s'épanouir

the cherry trees are in full blossom ou bloom
les cerisiers sont en pleine floraison

let's go and pick ou collect ou gather some mushrooms
allons ramasser des champignons

we went to pick daisies
nous sommes allés cueillir des marguerites

Remarque :

★ **Seaweed** (*algues*) est indénombrable. Pour désigner une seule algue, on emploiera **a piece of seaweed**. Remarquez que le terme **weed** (*mauvaise herbe*) prend, lui, un **-s** au pluriel.

Voir aussi chapitres :

47 Au bord de la mer
48 Les termes géographiques

29 ANIMALS Les animaux

to bark	aboyer
to bleat	bêler
to mew	miauler
to moo	meugler
to neigh	hennir
to tweet	pépier
to twitter	pépier

pets les animaux domestiques

cat	chat(te)
kitten	chaton
dog	chien
puppy	chiot
goldfish	poisson rouge
guinea pig	cochon d'Inde
hamster	hamster

farm animals les animaux de la ferme

calf	veau
chick	poussin
cock *(Br)*	coq
cow	vache
donkey	âne
duck	canard
duckling	caneton
ewe	brebis
foal	poulain
goat	chèvre
goose *(pl geese)*	oie
hen	poule
horse	cheval
lamb	agneau
mare	jument
mule	mulet
ox	bœuf
pig	cochon
rabbit	lapin
ram	bélier

29 Animals

rooster *(Am)*	*coq*
sheep	*mouton*
sow	*truie*
turkey	*dinde*

wild animals les animaux sauvages

mammal	*mammifère*
fish	*poisson*
reptile	*reptile*
leg	*patte*
paw	*patte (bout)*
hoof	*sabot*
muzzle	*museau*
snout	*museau, groin*
tail	*queue*
trunk	*trompe*
claws	*griffes*
antelope	*antilope*
bear	*ours*
beaver	*castor*
buffalo	*buffle*
camel	*chameau*
deer	*cerf, biche*
doe	*biche*
dolphin	*dauphin*
dromedary	*dromadaire*
elephant	*éléphant*
fallow deer	*daim*
field mouse	*mulot*
fox	*renard*
gazelle	*gazelle*
giraffe	*girafe*
gorilla	*gorille*
grouse	*coq de bruyère*
hare	*lièvre*
hedgehog	*hérisson*
hippopotamus	*hippopotame*
kangaroo	*kangourou*
koala bear	*koala*
leopard	*léopard*
lion(ess)	*lion(ne)*
monkey	*singe*
mouse	*souris*

octopus	*pieuvre*
rat	*rat*
roe deer	*chevreuil*
seal	*phoque*
shark	*requin*
squirrel	*écureuil*
stag	*cerf*
tiger	*tigre*
tortoise	*tortue*
weasel	*belette*
whale	*baleine*
wild boar	*sanglier*
wolf	*loup*
zebra	*zèbre*

reptiles etc les reptiles, etc.

crocodile	*crocodile*
alligator	*alligator*
lizard	*lézard*
snake	*serpent*
rattlesnake	*serpent à sonnette*
adder	*vipère*
grass snake	*couleuvre*
cobra	*cobra*
boa	*boa*
frog	*grenouille*
toad	*crapaud*

birds les oiseaux

bird	*oiseau*
bird of prey	*oiseau de proie*
foot	*patte*
claws	*serres*
wing	*aile*
beak	*bec*
feather	*plume*
blackbird	*merle*
budgerigar *(Br)*	*perruche*
budgie *(Br, Fam)*	*perruche*
canary	*canari*
chaffinch	*pinson*
crow	*corbeau*

29 Animals

cuckoo	*coucou*
dove	*colombe*
eagle	*aigle*
falcon	*faucon*
flamingo	*flamant rose*
heron	*héron*
kingfisher	*martin-pêcheur*
lark	*alouette*
magpie	*pie*
nightingale	*rossignol*
ostrich	*autruche*
owl	*chouette, hibou*
parakeet	*perruche*
parrot	*perroquet*
partridge	*perdrix*
peacock	*paon*
penguin	*pingouin*
pheasant	*faisan*
pigeon	*pigeon*
raven	*grand corbeau*
robin	*rouge-gorge*
seagull	*mouette*
sparrow	*moineau*
starling	*étourneau*
stork	*cigogne*
swallow	*hirondelle*
swan	*cygne*
(blue) tit	*mésange*
vulture	*vautour*

insects etc les insectes, etc.

ant	*fourmi*
bee	*abeille*
bumblebee	*bourdon*
butterfly	*papillon*
caterpillar	*chenille*
centipede	*mille-pattes*
cicada	*cigale*
cockroach	*cafard, blatte*
flea	*puce*
fly	*mouche*
grasshopper	*sauterelle*
hornet	*frelon*
ladybird *(Br)*	*coccinelle*
ladybug *(Am)*	*coccinelle*

LES ANIMAUX 29

millipede	mille-pattes
mosquito	moustique
roach (Am)	cafard, cancrelat
spider	araignée
wasp	guêpe

> we could hear the sheep bleating
> *on entendait les moutons bêler*
>
> the eagle took ø flight
> *l'aigle prit son envol*
>
> I got stung by a bee
> *je me suis fait piquer par une abeille*
>
> I got bitten by a mosquito
> *je me suis fait piquer par un moustique*

Remarque :

★ Remarquez qu'on emploie le pronom personnel it lorsque l'on parle d'un animal en général (c'est-à-dire de l'espèce), et he/she quand on connaît bien l'animal dont il est question :

have you seen the cat? — I think she's gone out
est-ce que tu as vu la chatte ? — je crois qu'elle est sortie

the dog is hungry, would you mind feeding him?
le chien a faim, est-ce que tu veux bien lui donner à manger ?

★ Le masculin et le féminin de certains animaux peut se former en plaçant he ou she devant le nom. Par exemple : she-bear *ourse*, she-dog *chienne*, she-monkey *guenon*, she-wolf *louve*, he-goat *bouc*, etc.

★ Certains noms d'animaux ne prennent pas la marque du pluriel. C'est le cas notamment de deer *cerf(s), biche(s)*, de sheep *mouton(s)*, et de grouse *coq(s) de bruyère*.

D'autres noms d'animaux perdent leur -s au pluriel dans le contexte de la chasse. Comparez :

these antelopes have just been bought by the zoo
le zoo vient juste d'acheter ces antilopes

they went to Africa to shoot antelope
ils sont allés en Afrique pour chasser l'antilope

Il en est de même pour buffalo *buffle*, duck *canard*, giraffe *girafe*, lion *lion*, partridge *perdrix*, pheasant *faisan*, etc.

30 What's the Weather Like? Quel temps fait-il ?

to rain	pleuvoir
to drizzle	bruiner, crachiner
to be pouring (with rain)	pleuvoir à verse
to snow	neiger
to be freezing	geler
to blow	souffler
to shine	briller
to melt	fondre
to improve	s'améliorer
to get worse	empirer
to change	changer
overcast	couvert
cloudy	nuageux
clear	dégagé
sunny	ensoleillé
stormy	orageux
muggy	lourd
dry	sec
warm	chaud, bon
hot	(très) chaud
cold	froid
icy	glacial
mild	doux
pleasant	agréable
awful	épouvantable
changeable	variable
damp	humide
rainy	pluvieux
foggy	brumeux
hazy	brumeux
misty	brumeux
in the sun	au soleil
in the shade	à l'ombre
weather	temps
temperature	température
meteorology	météorologie
weather forecast	prévisions météorologiques, météo
climate	climat
atmosphere	atmosphère

QUEL TEMPS FAIT-IL? 30

atmospheric pressure	*pression atmosphérique*
improvement	*amélioration*
lull	*accalmie*
thermometer	*thermomètre*
degree	*degré*
barometer	*baromètre*
sky	*ciel*

rain la pluie

raindrop	*goutte de pluie*
downpour	*pluie torrentielle*
shower	*averse*
April showers	*giboulées de mars*
hail	*grêle*
hailstone	*grêlon*
cloud	*nuage*
dew	*rosée*
drizzle	*bruine, crachin*
fog	*brouillard*
mist	*brume*
haze	*brume*
puddle	*flaque d'eau*
flood	*inondation*
thunder	*tonnerre*
(thunder)storm	*orage*
lightning	*foudre*
(flash of) lightning	*éclair*
sunny interval	*éclaircie*
rainbow	*arc-en-ciel*
humidity	*humidité*

cold weather le froid

snow	*neige*
snowflake	*flocon de neige*
snowfall	*chute de neige*
snowstorm	*tempête de neige*
avalanche	*avalanche*
snowball	*boule de neige*
snowplough, *(Am)* snowplow	*chasse-neige*
snowman	*bonhomme de neige*
frost	*gelée, gel*
thaw	*dégel*
frost	*givre*
(black) ice *(Br)*	*verglas*

30 What's the Weather Like?

(glare) ice *(Am)*	*verglas*
ice	*glace*

good weather le beau temps

sun	*soleil*
ray of sunshine	*rayon de soleil*
heat	*chaleur*
heat haze	*brume de chaleur*
heatwave	*vague de chaleur*
scorching heat	*canicule*
drought	*sécheresse*

wind le vent

wind	*vent*
draught, *(Am)* draft	*courant d'air*
gust ou blast (of wind)	*coup de vent, rafale*
North wind	*bise*
breeze	*brise*
hurricane	*ouragan*
tornado	*tornade*
storm	*tempête*

---

the weather is good/bad
il fait beau/mauvais (temps)

the weather is awful ou dreadful
il fait un temps épouvantable

it's 86° F (degrees Fahrenheit) in the shade
il fait 30 °C à l'ombre

it's minus 4
il fait moins 20

it's sunny/foggy/icy
il y a du soleil/brouillard/verglas

it's raining
il pleut

it's raining cats and dogs
il pleut des cordes

it's thundering
le tonnerre gronde

it's snowing
il neige

the wind's blowing/it's windy
le vent souffle/il y a du vent

the sun's shining
le soleil brille

it's swelteringly hot
il fait une chaleur étouffante

Voir aussi chapitre :

5   Comment vous sentez-vous ?

31 Family and Friends
La famille et les amis

family la famille

parents	*parents (mère, père)*
relation, relative	*parent(e) (de la même famille)*
mother	*mère*
father	*père*
mum, *(Am)* mom	*maman*
mummy, *(Am)* mommy	*maman (employé par les enfants en bas âge)*
dad	*papa*
daddy	*papa (employé par les enfants en bas âge)*
child *(pl* children*)*	*enfant*
baby	*bébé*
daughter	*fille*
son	*fils*
adopted daughter	*fille adoptive*
adopted son	*fils adoptif*
foster child	*enfant placé dans une famille d'accueil*
sister	*sœur*
twin sister	*sœur jumelle*
brother	*frère*
twin brother	*frère jumeau*
half-sister	*demi-sœur*
half-brother	*demi-frère*
grandmother	*grand-mère*
grandfather	*grand-père*
grandparents	*grands-parents*
grandchildren	*petits-enfants*
granddaughter	*petite-fille*
grandson	*petit-fils*
great-grandmother	*arrière-grand-mère*
great-grandfather	*arrière-grand-père*
wife	*femme, épouse*
husband	*mari, époux*
fiancée	*fiancée*
fiancé	*fiancé*
partner	*conjoint(e), ami(e)*
stepmother	*belle-mère (conjointe du père)*
stepfather	*beau-père (conjoint de la mère)*
stepdaughter	*belle-fille (fille du conjoint)*
stepson	*beau-fils (fils du conjoint)*
mother-in-law	*belle-mère*

31 Family and Friends

father-in-law	*beau-père*
daughter-in-law	*belle-fille*
son-in-law	*gendre*
in-laws *(Fam)*	*beaux-parents, belle-famille*
aunt	*tante*
uncle	*oncle*
great-aunt	*grand-tante*
great-uncle	*grand-oncle*
cousin	*cousin(e)*
niece	*nièce*
nephew	*neveu*
godmother	*marraine*
godfather	*parrain*
goddaughter	*filleule*
godson	*filleul*

friends les amis

friend	*ami(e), copain/copine*
school friend	*camarade de classe*
boyfriend	*(petit) ami*
girlfriend	*(petite) amie*
neighbour, *(Am)* neighbor	*voisin(e)*

---

have you got any brothers and sisters?
as-tu des frères et sœurs ?

I'm an only child
je suis fils/fille unique

I have no brothers or sisters
je n'ai ni frère ni sœur

I'm the oldest
je suis l'aîné

my mother is expecting a baby
ma mère attend un bébé

my big brother is 17
mon grand frère a 17 ans

I'm looking after my little sister
je garde ma petite sœur

he's a cousin by marriage
c'est un cousin par alliance

my youngest brother sucks his thumb
mon frère cadet suce son pouce

she's my aunt on my mother's side
c'est ma tante du côté maternel

my eldest sister is a hairdresser
ma sœur aînée est coiffeuse

I formed a friendship with him
je me suis lié d'amitié avec lui

she has relatives in Canada
elle a de la famille au Canada

he's a friend of mine
c'est un de mes amis

Voir aussi chapitre :

   8   **L'IDENTITÉ**

32 SCHOOL AND EDUCATION
L'ÉCOLE ET L'ÉDUCATION

to go to school	aller à l'école
to study	étudier
to learn	apprendre
to learn by heart	apprendre par cœur
to do one's homework	faire ses devoirs
to recite a poem	réciter un poème
to ask	demander
to answer	répondre
to go to the blackboard	passer au tableau
to know	savoir
to revise	réviser
to take ou (Br) sit an exam	passer un examen
to pass one's exams	réussir ses examens
to fail one's exams	rater ses examens
to fail an exam	échouer à un examen
to repeat (Br) a year ou (Am) a grade	redoubler (une classe)
to take the register (Br)	faire l'appel
to take the roll call (Am)	faire l'appel
to expel	renvoyer
to suspend	renvoyer provisoirement
to punish	punir
to play truant ou (Am, Fam) hookey	faire l'école buissonnière
to bunk off school (Br, Fam)	faire l'école buissonnière, sécher les cours
absent	absent
present	présent
brilliant	brillant
clever	intelligent
gifted	doué
hard-working	travailleur, appliqué
inattentive	distrait
studious	studieux
undisciplined	dissipé
playschool (Br)	réunion régulière d'enfants d'âge préscolaire généralement surveillés par une mère

32 School and Education

nursery school *(Br)*	*(école) maternelle*
kindergarten *(Am)*	*(école) maternelle*
primary school *(Br)*	*école primaire*
elementary school *(Am)*	*école primaire*
secondary school *(Br)*	*établissement secondaire (collège et lycée)*
junior high school *(Am)*	*collège*
high school *(Am)*	*lycée*
comprehensive (school) *(Br)*	*établissement secondaire d'enseignement général*
private school	*école privée*
public school	*(Br) école privée, (Am) école publique*
state school *(Br)*	*école publique*
college *(Br)*	*établissement d'enseignement supérieur*
technical college	*équivalent de l'IUT*
college of further education *(Br)*	*établissement de formation continue*
boarding school	*internat*
university	*université*

 at school à l'école

class	*classe, cours*
classroom	*salle de classe*
headteacher's office *(Br)*	*bureau du directeur/de la directrice*
principal's office *(Am)*	*bureau du directeur/de la directrice*
staffroom *(Br)*	*salle des professeurs*
teachers' lounge *(Am)*	*salle des professeurs*
library	*bibliothèque*
assembly hall *(Br)*	*salle de réunion (pour réunir tous les élèves de l'école)*
registration room *(Br)*	*salle où l'on fait l'appel*
homeroom *(Am)*	*salle où l'on fait l'appel*
laboratory	*laboratoire*
language lab	*laboratoire de langues*
canteen	*cantine*
playground *(Br)*	*cour de récréation*
yard *(Am)*	*cour de récréation*
gym	*gymnase*

the classroom la salle de classe

desk	*pupitre*
teacher's desk	*bureau du professeur*
table	*table*
chair	*chaise*

L'ÉCOLE ET L'ÉDUCATION 32

locker	*casier*
cupboard	*placard*
blackboard	*tableau*
whiteboard	*tableau blanc*
chalk	*craie*
duster	*chiffon*
sponge	*éponge*
school bag	*cartable*
exercise book	*cahier*
book	*livre*
dictionary	*dictionnaire*
pencil case	*trousse*
pen	*stylo*
ballpoint (pen)	*stylo (à) bille*
Biro® *(Br)*	*Bic®, stylo (à) bille*
fountain pen	*stylo à encre*
pencil	*crayon à papier*
felt-tip (pen) *(Br)*	*feutre*
pencil sharpener	*taille-crayon*
eraser	*gomme*
rubber *(Br)*	*gomme*
(paint)brush	*pinceau*
(tube of) paint	*(tube de) peinture*
painting	*peinture*
drawing paper	*papier à dessin*
easel	*chevalet*
ruler	*règle*
compass	*compas*
protractor	*rapporteur*
set-square	*équerre*
calculator	*calculette*
computer	*ordinateur*

 gym la gymnastique

rings	*anneaux*
rope	*corde*
parallel bars	*barres parallèles*
asymmetric bars	*barres asymétriques*
beam	*poutre*
horse	*cheval-d'arçons*
trampoline	*trampoline*

32 School and Education

teachers and pupils les enseignants et les élèves

teacher	maître (-tresse), prof(esseur)
nursery school teacher *(Br)*	instituteur (-trice)
kindergarten teacher *(Am)*	instituteur (-trice)
primary school teacher *(Br)*	instituteur (-trice)
elementary school teacher *(Am)*	instituteur (-trice)
headmaster/headmistress *(Br)*	directeur(-trice), proviseur
headteacher *(Br)*	directeur (-trice), proviseur
principal *(Am)*	directeur (-trice), proviseur
French teacher	professeur de français
English teacher	professeur d'anglais
maths teacher	professeur de mathématiques
inspector	inspecteur
pupil	élève
schoolboy/girl	élève
student	étudiant
boarder	interne, pensionnaire
day pupil	externe
good pupil	bon élève
bad pupil	mauvais élève
truant	élève absentéiste
school friend	camarade de classe

teaching l'enseignement

term	trimestre
timetable	emploi du temps
subject	matière
lesson	leçon
period	cours
double period	cours d'environ deux heures
free period	heure de permanence
registration *(Br)*	appel (en début de journée)
homeroom *(Am)*	appel (en début de journée)
class	cours, classe
course	cours (série)
French class	cours de français
maths class	cours de maths
vocabulary	vocabulaire
grammar	grammaire
grammatical rule	règle de grammaire
conjugation	conjugaison
spelling	orthographe

L'ÉCOLE ET L'ÉDUCATION 32

writing	*écriture*
reading	*lecture*
literature	*littérature*
novel	*roman*
play	*pièce de théâtre*
poem	*poème*
short story	*nouvelle*
sums	*calcul*
maths	*maths*
algebra	*algèbre*
arithmetic	*arithmétique*
geometry	*géométrie*
trigonometry, *(Fam)* trig	*trigonométrie, trigo*
calculus	*calcul*
geometry	*géométrie*
addition	*addition*
subtraction	*soustraction*
multiplication	*multiplication*
division	*division*
long division	*division (posée)*
equation	*équation*
angle	*angle*
acute/right/obtuse angle	*angle aigu/droit/obtus*
surface	*superficie*
volume	*volume*
triangle	*triangle*
square	*carré*
rectangle	*rectangle*
cube	*cube*
circle	*cercle*
diameter	*diamètre*
circumference	*circonférence*
radius	*rayon*
computer studies	*informatique*
ICT	*informatique*
history	*histoire*
geography	*géographie*
science	*sciences*
biology	*biologie*
chemistry	*chimie*
physics	*physique*
languages	*langues*

32 School and Education

modern languages	*langues vivantes*
classics	*lettres classiques*
Latin	*latin*
Greek	*grec*
religious education	*instruction religieuse*
essay	*rédaction*
translation	*traduction*
(unseen) translation	*version (sans documents)*
prose	*thème*
music	*musique*
art	*dessin*
CDT *(Br)*	*matière enseignée dans le secondaire qui comprend travaux manuels et technologie*
technical drawing	*dessin industriel*
woodwork	*menuiserie*
metalwork	*travail des métaux*
home economics	*économie domestique*
physical education, PE	*éducation physique*
homework	*devoirs*
exercise	*exercice*
problem	*problème*
question	*question*
answer	*réponse*
test	*interrogation*
written test	*interrogation écrite*
oral (test)	*interrogation orale*
essay	*composition*
exam(ination)	*examen*
mistake	*faute*
good mark	*bonne note*
bad mark	*mauvaise note*
pass mark	*moyenne*
result	*résultat*
(school) report *(Br)*	*bulletin (de notes)*
report card *(Am)*	*bulletin (de notes)*
prize	*prix*
prizegiving	*remise des prix*
certificate	*certificat*
diploma	*diplôme*
GCSE *(Br)*	*diplôme de fin de premier cycle de l'enseignement secondaire*

L'ÉCOLE ET L'ÉDUCATION 32

A level *(Br)*	équivalent du baccalauréat
high-school diploma *(Am)*	équivalent du baccalauréat
discipline	discipline
punishment	punition
detention	retenue
lines	lignes (à copier)
break *(Br)*	récréation
recess *(Am)*	récréation
bell	cloche
school *(Br)* holidays ou *(Am)* vacation	vacances scolaires
half-term *(Br)*	petites vacances
summer *(Br)* holidays ou *(Am)* vacation	grandes vacances
Christmas *(Br)* holidays ou *(Am)* vacation	vacances de Noël
Easter *(Br)* holidays ou *(Am)* vacation	vacances de Pâques

university l'université

lecture	cours (magistral)
tutorial	travaux dirigés, TD
student	étudiant
lecturer	enseignant(e) du supérieur, conférencier (-ère)
chair	chaire
professor	professeur d'université
lecture hall	amphithéâtre
hall of residence *(Br)*	résidence universitaire
dormitory *(Am)*	résidence universitaire
students' union	foyer des étudiants
dissertation	*(Br)* mémoire, *(Am)* thèse
(bachelor's) degree	équivalent de la licence
master's degree, masters	équivalent de la maîtrise
PhD	doctorat

---

the whole class was given an hour's detention
toute la classe a eu une heure de retenue

we had a test on English grammar
on a été interrogés sur la grammaire anglaise

the bell has gone
la cloche a sonné

32 School and Education

he didn't **pass** his history exam
il a été recalé à son examen d'histoire

she has a PhD **in** economics
elle a un doctorat de sciences économiques

Remarque :

★ Faux ami : **to pass an exam** ne veut pas dire "passer un examen" mais "réussir, être reçu à un examen". "Passer un examen" se dit **to take an exam** ou, en anglais britannique, **to sit an exam**.

★ **A term** (*un trimestre*) s'emploie uniquement dans le contexte scolaire et universitaire. Dans les autres cas, on dira **a quarter**.

33 Money L'argent

to buy	*acheter*
to sell	*vendre*
to spend	*dépenser*
to borrow (from)	*emprunter (à)*
to lend (to)	*prêter (à)*
to pay	*payer*
to pay cash	*payer comptant*
to pay by cheque ou *(Am)* check	*payer par chèque*
to write a cheque ou *(Am)* check	*faire un chèque*
to pay by instalments ou *(Am)* installments	*payer par mensualités*
to pay back	*rembourser*
to reimburse	*rembourser*
to change money	*changer de l'argent*
to buy on credit	*acheter à crédit*
to give credit	*faire crédit*
to withdraw money	*retirer de l'argent*
to deposit money	*verser de l'argent (sur un compte)*
to pay in money *(Br)*	*verser de l'argent (sur un compte)*
to transfer money	*faire un virement*
to save money	*faire des économies*
to do one's accounts	*faire ses comptes*
to be in the red	*être à découvert*
rich	*riche*
loaded *(Fam)*	*plein aux as*
poor	*pauvre*
broke *(Fam)*	*fauché*
millionaire	*millionnaire*
money	*argent*
pocket money	*argent de poche*
cash	*argent liquide*
(bank)note *(Br)*	*billet (de banque)*
bill *(Am)*	*billet (de banque)*
coin	*pièce*
purse	*(Br) porte-monnaie, (Am) sac à main*
change purse *(Am)*	*porte-monnaie*
wallet *(Br)*	*portefeuille*
billfold *(Am)*	*portefeuille*
savings	*économies*

33 MONEY

bank	*banque*
savings bank	*caisse d'épargne*
exchange rate	*taux de change*
till	*caisse (enregistreuse)*
cash desk	*caisse (magasin, restaurant)*
checkout	*caisse (supermarché)*
cash dispenser	*distributeur (automatique)*
cashpoint, cash machine *(Br)*	*distributeur (automatique)*
ATM *(Am)*	*distributeur (automatique)*
bank account *(Br)*	*compte en banque*
banking account *(Am)*	*compte en banque*
current account *(Br)*	*compte courant*
checking account *(Am)*	*compte courant*
giro account *(Br)*	*compte chèques postal*
savings account	*compte d'épargne*
deposit account	*compte de dépôt*
withdrawal	*retrait*
transfer	*virement*
overdraft	*découvert*
bank manager	*directeur (-trice) de banque*
bank clerk	*employé(e) de banque*
bank book	*livret bancaire*
credit card	*carte de crédit*
debit card	*carte de paiement à débit immédiat, Carte Bleue®*
cheque (guarantee) card *(Br)*	*carte d'identité bancaire*
PIN (number)	*code confidentiel*
cheque, *(Am)* check	*chèque*
chequebook, *(Am)* checkbook	*carnet de chèques, chéquier*
traveller's cheque, *(Am)* traveler's check	*chèque de voyage*
Eurocheque *(Br)*	*eurochèque*
money order	*mandat (postal)*
postal order *(Br)*	*mandat (postal)*
credit	*crédit*
debit	*débit*
debts	*dettes*
loan	*prêt, emprunt*
mortgage	*prêt* ou *crédit immobilier*
change	*(petite) monnaie*
currency	*monnaie (d'un pays)*
Stock Exchange	*Bourse*

L'ARGENT 33

shares *(Br)*	*actions*
stock *(Am)*	*actions*
inflation	*inflation*
cost of living	*coût de la vie*
budget	*budget*
foreign exchange	*devises étrangères*
euro	*euro*
Swiss franc	*franc suisse*
pound (sterling)	*livre (sterling)*
pence *(sing* penny)	*pence (100p = 1 livre)*
dollar	*dollar*
cent	*cent (100c = 1 dollar)*
penny	*(Br) pièce d'un penny,*
	(Am) pièce d'un cent
fiver *(Fam)*	*(Br) billet de cinq livres,*
	(Am) billet de cinq dollars
tenner *(Fam)*	*(Br) billet de dix livres,*
	(Am) billet de dix dollars

I'd like to pay some money into my account
j'aimerais déposer de l'argent sur mon compte

I'd like to change 500 euros into pounds
j'aimerais changer 500 euros en livres

what's the exchange rate for the euro?
quel est le cours de l'euro ?

I transferred the funds to my bank account
j'ai fait virer l'argent sur mon compte bancaire

I have an overdraft of £50 (fifty pounds)
j'ai un découvert de 50 livres

I get £5 (five pounds) pocket money per week
je reçois 5 livres d'argent de poche par semaine

I borrowed 1,000 euros from my father
j'ai emprunté 1 000 euros à mon père

I owe him $20 (twenty dollars)   I'll buy it on credit
je lui dois 20 dollars   *je vais l'acheter à crédit*

I find it hard to make ends meet
j'ai de la peine à joindre les deux bouts

I'm saving up to buy a motorbike
je fais des économies pour m'acheter une moto

33 MONEY

Remarque :

★ Souvenez-vous qu'un nom en position adjectivale ne prend pas de -s :

a ten-pound note
un billet de dix livres

a five-dollar bill
un billet de cinq dollars

★ Lorsque l'on parle de la monnaie et de la valeur de l'argent, le pluriel de penny est irrégulier : pence. Par ailleurs, il n'est pas rare d'entendre one pence plutôt que one penny quand on parle du coût de quelque chose. Cependant, lorsque penny désigne la pièce elle-même (pièce d'un penny en Grande-Bretagne ou d'un cent aux États-Unis), le pluriel est régulier :

these are 18th-century pennies
ce sont des pennies du XVIIIe siècle

Voir aussi chapitres :

10 LE TRAVAIL ET LES MÉTIERS
19 LES ACHATS

34 Topical Issues
Les sujets d'actualité

to discuss	discuter (de)
to argue	se disputer
to criticize	critiquer
to defend	défendre
to think	penser
to believe	croire
to protest	protester
for	pour
against	contre
in favour of	favorable à
opposed to	opposé à
intolerant	intolérant
broad-minded	large d'esprit
problem	problème
issue	question, problème
argument	argument
demonstration	manifestation
negotiation	négociation
society	société
prejudice	préjugés
morals	morale
mentality	mentalité
Europe	l'Europe
European enlargement	élargissement européen
euro zone	zone euro
peace	paix
war	guerre
civil war	guerre civile
disarmament	désarmement
nuclear energy	énergie nucléaire
nuclear bomb	bombe atomique
nuclear weapons	armes nucléaires
weapons of mass destruction	armes de destruction massive
suicide bomber	auteur d'un attentat suicide (à la bombe)
terrorism	terrorisme

34 TOPICAL ISSUES

terrorist attack	*attentat terroriste*
retaliation	*représailles*
Middle East	*Moyen-Orient*
environment	*environnement*
acid rain	*pluies acides*
greenhouse effect	*effet de serre*
ozone layer	*couche d'ozone*
natural disaster	*catastrophe naturelle*
earthquake	*tremblement de terre*
flood	*inondation*
gene	*gène*
genetic engineering	*génie génétique*
genetically modified	*génétiquement modifié*
GMO	*OGM*
cloning	*clonage*
transplant	*greffe*
poverty	*pauvreté*
destitution	*misère*
famine	*famine*
starvation	*famine*
unemployment	*chômage*
contraception	*contraception*
abortion	*avortement*
euthanasia	*euthanasie*
violence	*violence*
crime	*crime*
criminality	*criminalité*
attack	*agression*
assault	*agression*
murder	*meurtre*
rape	*viol*
road accidents	*accidents de la route*
rail/air disaster	*catastrophe ferroviaire/aérienne*
casualty	*victime (décédée ou blessée)*
injured person	*blessé(e)*
dead person	*mort(e)*
sexism	*sexisme*
male chauvinist	*macho*
feminism	*féminisme*
feminist	*féministe*

LES SUJETS D'ACTUALITÉ 34

equal rights	*égalité des droits*
equality	*égalité*
sexual harassment	*harcèlement sexuel*
prostitution	*prostitution*
racism	*racisme*
Black (person)	*Noir(e)*
foreigner	*étranger (-ère)*
immigrant	*immigré(e)*
illegal immigrant	*clandestin(e)*
political refugee	*réfugié(e) politique*
refugee camp	*camp de réfugiés*
political asylum	*asile politique*
asylum-seeker	*demandeur (-euse) d'asile*
ethnic cleansing	*nettoyage ethnique*
dictatorship	*dictature*
alcohol	*alcool*
alcoholic	*alcoolique*
drugs	*drogue, stupéfiants*
drug abuse	*usage de stupéfiants*
needle	*seringue*
overdose	*overdose*
addict	*intoxiqué(e)*
addiction	*dépendance*
hashish	*hachisch*
cocaine	*cocaïne*
heroin	*héroïne*
ecstasy	*ecstasy*
drug trafficking	*trafic de drogue*
dealer	*trafiquant(e) de drogue (revendeur), dealer*

I agree/disagree with you
je suis d'accord/je ne suis pas d'accord avec toi

what's your opinion on euthanasia?
que penses-tu de l'euthanasie ?

he's very interested in environmental issues
il s'intéresse beaucoup aux problèmes écologiques

I am in favour of/against cloning
je suis pour/contre le clonage

35 Politics La politique

to govern	gouverner
to rule	régner, gouverner
to reign	régner
to organize	organiser
to demonstrate	manifester
to go to the polls	se rendre aux urnes
to elect	élire
to vote for/against	voter pour/contre
to repress	réprimer
to abolish	abolir
to impose	imposer
to nationalize	nationaliser
to privatize	privatiser
national	national
nationalist	nationaliste
international	international
political	politique
democratic	démocratique
Democrat	démocrate
Conservative	conservateur
Liberal	libéral
Labour	travailliste
Socialist	socialiste
Communist	communiste
Marxist	marxiste
fascist	fasciste
anarchist	anarchiste
capitalist	capitaliste
extremist	extrémiste
green	vert
nation	nation
country	pays
state	État
republic	république
monarchy	monarchie
Parliament	parlement
House of Lords *(Br)*	Chambre des lords

La politique 35

House of Commons *(Br)*	Chambre des communes
Congress *(Am)*	Congrès
Senate *(Am)*	Sénat
House of Representatives *(Am)*	Chambre des représentants
government	gouvernement
Cabinet	conseil des ministres
Cabinet reshuffle	remaniement ministériel
constitution	constitution
Head of State	chef d'État
president	président
vice-president	vice-président
Prime Minister	Premier ministre
minister *(Br)*	ministre
secretary *(Am)*	ministre
Chancellor of the Exchequer *(Br)*	ministre des Finances
Secretary of the Treasury *(Am)*	ministre des Finances
Lord Chancellor *(Br)*	ministre de la Justice
Attorney General *(Am)*	ministre de la Justice
Foreign Secretary *(Br)*	ministre des Affaires étrangères
Secretary of State *(Am)*	ministre des Affaires étrangères
Home Secretary *(Br)*	ministre de l'Intérieur
Secretary of the Interior *(Am)*	ministre de l'Intérieur
MP (Member of Parliament) *(Br)*	député
MEP (Member of the European Parliament) *(Br)*	député européen
Congressman/Congresswoman *(Am)*	membre du Congrès américain
Representative *(Am)*	député
Senator *(Am)*	sénateur
politician	homme/femme politique
politics	politique
elections	élections
(political) party	parti (politique)
right (wing)	droite
left (wing)	gauche
right-wing/left-wing party	parti de droite/de gauche
vote	vote
referendum	référendum
voter	électeur (-trice)
elector	électeur (-trice)
right to vote	droit de vote
constituency *(Br)*	circonscription
by-election *(Br)*	élection (législative) partielle
seat *(Br)*	siège
primary *(Am)*	primaire
ballot box	urne

35 Politics

candidate	candidat
election campaign	campagne électorale
first/second ballot	premier/second tour
opinion poll	sondage d'opinion
citizen	citoyen
negotiations	négociations
debate	débat
law	loi
crisis	crise
demonstration	manifestation
coup	coup d'État
revolution	révolution
human rights	droits de l'homme
dictatorship	dictature
ideology	idéologie
democracy	démocratie
socialism	socialisme
communism	communisme
fascism	fascisme
capitalism	capitalisme
pacifism	pacifisme
neutrality	neutralité
unity	unité
freedom	liberté
public opinion	opinion publique
nobility	noblesse
aristocracy	aristocratie
middle classes	bourgeoisie
working class	classe ouvrière
upper class	l'aristocratie, la haute bourgeoisie
the people	le peuple
king	roi
queen	reine
prince	prince
princess	princesse
UN	ONU
United Nations	Nations unies
NATO	OTAN
EU	UE
European Union	Union européenne
Single Market	marché unique

LA POLITIQUE 35

the President will address ø the nation today
le Président va s'adresser aujourd'hui à la nation

Turkey has applied to join the EU
la Turquie a posé sa candidature pour entrer dans l'UE

there will be a referendum on whether to join the Single Currency
un référendum aura lieu sur l'adhésion ou non à la monnaie unique

the government decided to hold a referendum
le gouvernement a décidé d'organiser un référendum

the Labour Party gained five seats in the election
le parti travailliste a gagné cinq sièges lors des élections

the Prime Minister is on an official visit to Canada
le Premier ministre est en visite officielle au Canada

Remarque :

★ **Politics**, comme la plupart des noms en **-ics**, est indénombrable lorsqu'il s'agit du concept :

politics has never attracted her
la politique ne l'a jamais intéressée

En revanche, on préférera un verbe au pluriel lorsque le nom en **-ics** est utilisé dans un sens concret, et non plus de manière générale :

what are your politics?
quelles sont vos opinions politiques ?

36 Communicating
Communiquer

to say	*dire*
to tell	*dire, raconter*
to talk	*parler*
to speak	*parler*
to repeat	*répéter*
to add	*ajouter*
to declare	*déclarer*
to state	*déclarer, affirmer*
to make a statement	*faire une déclaration*
to announce	*annoncer*
to express	*exprimer*
to insist	*insister*
to claim	*prétendre*
to suppose	*supposer*
to doubt	*douter*
to converse with	*s'entretenir avec*
to inform	*renseigner, informer*
to indicate	*indiquer*
to mention	*mentionner*
to promise	*promettre*
to shout	*crier*
to yell	*hurler*
to shriek	*hurler (d'une voix aiguë)*
to whisper	*chuchoter*
to murmur	*murmurer*
to mumble	*marmonner*
to stammer	*bégayer, bredouiller*
to get worked up	*s'énerver*
to reply	*répondre*
to retort	*répliquer*
to argue	*argumenter*
to persuade	*persuader*
to convince	*convaincre*
to influence	*influencer*
to approve (of)	*approuver*
to contradict	*contredire*
to contest	*contester*
to object	*objecter*
to refute	*réfuter*
to exaggerate	*exagérer*

COMMUNIQUER 36

to emphasize	mettre l'accent sur, insister sur
to predict	prédire
to confirm	confirmer
to apologize	s'excuser
to pretend	prétendre, faire semblant
to deceive	tromper
to flatter	flatter
to criticize	critiquer
to slander	calomnier
to deny	nier
to admit	admettre, reconnaître
to confess	avouer, admettre, confesser
to recognize	reconnaître
convinced	convaincu
convincing	convaincant
conversation	conversation
discussion	discussion, entretien
dialogue	dialogue
interview	entretien, interview
monologue	monologue
speech	discours, parole (faculté d'expression)
lecture	conférence
debate	débat
conference	congrès
statement	déclaration
word	mot, parole
gossip	commérages
opinion	opinion
point of view	point de vue
argument	argument
misunderstanding	malentendu
agreement	accord
disagreement	désaccord
allusion	allusion, mention
hint	insinuation, allusion
criticism	critique
objection	objection
confession	aveu
microphone	micro(phone)
megaphone	porte-voix
about	au sujet de
frankly	franchement
generally	généralement
naturally	naturellement

169

36 Communicating

of course	*bien sûr*
absolutely	*absolument*
really	*vraiment*
entirely	*entièrement, tout à fait*
undoubtedly	*sans doute*
maybe	*peut-être*
but	*mais*
however	*cependant*
or	*ou*
and	*et*
because	*parce que*
therefore	*donc*
thanks to	*grâce à*
in case	*au cas où*
despite	*malgré*
except	*à part, sauf*
without	*sans*
with	*avec*
almost	*presque*

---

they got angry during the discussion – **did they?**
ils se sont énervés pendant la discussion – ah bon ?

his argument is really convincing, **isn't it?/don't you think?**
son argument est vraiment convaincant, non ?/n'est-ce pas ?

let's just agree to disagree
acceptons tout simplement de ne pas être du même avis

she **argued for/against** raising taxes
elle a soutenu qu'il fallait/ne fallait pas augmenter les impôts

I don't approve **of** his ideas
je n'approuve pas ses idées

Remarque :

★ Attention à l'emploi de to say et to tell pour traduire le verbe "dire". Ce qui est dit constitue le complément d'objet direct de to say. Il est possible d'ajouter un complément d'objet indirect ("à qui"), introduit par la préposition to, après un nom ou un groupe nominal :

he said goodbye and left
il a dit au revoir et il est parti

he said thank you to me
il m'a dit merci

Mais en général, on ne précise pas le complément d'objet indirect lorsque l'on a une proposition subordonnée :

he said (that) he could do it
il a dit qu'il pouvait le faire

To tell est suivi de deux compléments d'objet direct ; le premier indique la personne à qui les paroles sont destinées, et le second, ce qui est dit. Au contraire de to say, to tell ne peut être employé sans la personne à qui le sujet s'adresse :

he told me a joke
il m'a dit une blague

he told them
il le leur a dit

he told him (that) he could do it
il lui a dit qu'il pouvait le faire

Voir aussi chapitres :

34 LES SUJETS D'ACTUALITÉ
38 LE TÉLÉPHONE

37 LETTER-WRITING
LA CORRESPONDANCE

to write	écrire
to scribble	griffonner
to jot down	noter
to describe	décrire
to type	taper
to sign	signer
to send	envoyer
to dispatch	expédier
to seal	cacheter
to put a stamp on	mettre un timbre sur
to frank	affranchir
to weigh	peser
to mail	poster, mettre à la poste
to post *(Br)*	poster, mettre à la poste
to send back	renvoyer
to forward	faire suivre
to contain	contenir
to correspond with	correspondre avec
to receive	recevoir
to reply	répondre
legible	lisible
illegible	illisible
by airmail	par avion
by courier	par messagerie
by express post	par exprès
by registered mail ou *(Br)* post	(en) recommandé
enc. (enclosures)	P.J. (pièces jointes)
letter	lettre
mail	courrier
post *(Br)*	courrier
writing paper	papier à lettres
date	date
signature	signature
envelope	enveloppe
address	adresse
addressee	destinataire
sender	expéditeur
postcode *(Br)*	code postal

LA CORRESPONDANCE 37

zip code *(Am)*	*code postal*
stamp	*timbre*
letterbox *(Br)*	*boîte à lettres*
postbox *(Br)*	*boîte à lettres*
mailbox *(Am)*	*boîte à lettres*
collection	*levée*
post office	*bureau de poste*
counter	*guichet*
postage	*tarif postal*
first class	*tarif normal*
second class	*tarif réduit*
letter scales ou *(Am)* scale	*pèse-lettre*
franking machine	*machine à affranchir*
poste restante	*poste restante*
parcel	*colis, paquet*
telegram	*télégramme*
fax	*télécopie, fax*
postcard	*carte postale*
acknowledgement of receipt	*accusé de réception*
form	*formulaire*
postal order *(Br)*	*mandat*
money order *(Am)*	*mandat*
contents	*contenu*
postman/postwoman *(Br)*	*facteur (-trice)*
mailman/mailwoman *(Am)*	*facteur (-trice)*
penfriend	*correspondant(e)*
handwriting	*écriture*
draft	*brouillon*
pen	*stylo*
ballpoint (pen)	*stylo (à) bille, Bic®*
Biro® *(Br)*	*stylo (à) bille, Bic®*
fountain pen	*stylo à encre*
pencil	*crayon*
typewriter	*machine à écrire*
word processor	*(logiciel de) traitement de texte*
e-mail	*e-mail*
note	*note*
text	*texte*
paragraph	*paragraphe*
sentence	*phrase*
line	*ligne*
word	*mot*
style	*style*
continuation	*suite*
quotation	*citation*
title	*titre*

37 LETTER-WRITING

margin	marge
birthday card	carte d'anniversaire
announcement	faire-part
love letter	lettre d'amour
thank-you letter	lettre de remerciement
complaint	réclamation

Dear Sir/Madam
Monsieur/Madame

Dear Paul/Caroline
Cher Paul/Chère Caroline

Please find enclosed...
Veuillez trouver ci-joint...

"please forward"
"prière de faire suivre"

Yours faithfully/sincerely *(Br)*
Je vous prie d'agréer, Monsieur/Madame, l'expression de mes sentiments distingués

Kind regards
Bien amicalement

Love
Amitiés

Lots of love
Gros bisous

give my love to Gordon
embrasse Gordon pour moi

I'd like three 27 pence stamps *(Br)*
je voudrais trois timbres à 27 pence

if I get any mail, could you forward it to me?
si je reçois du courrier, est-ce que vous pourriez me le faire suivre ?

he wrote the address on the envelope in pencil
il a écrit l'adresse sur l'enveloppe au crayon à papier

Remarque :

★ En anglais britannique, une lettre commençant par Dear Sir/Dear Madam/Dear Sir or Madam doit se terminer par la formule de politesse Yours faithfully. Mais lorsque l'on précise le nom de la personne (Dear Mr Jones/Dear Mrs Martin, etc.), il faut employer la formule de politesse Yours sincerely.

En anglais américain, on écrira Sincerely dans les deux cas.

Dans un registre de langue moins soutenu, on peut finir une lettre par Best wishes/Best regards/Regards, etc. en anglais britannique et simplement par Best en anglais américain.

38 The Phone
Le téléphone

to call	appeler
to phone	téléphoner (à)
to ring *(Br)*	téléphoner (à), sonner
to make a phone call	donner un coup de *téléphone* ou *fil*
to lift the receiver	décrocher
to pick up the phone	décrocher
to dial	composer
to dial a wrong number	se tromper de numéro
to hang up	raccrocher
to call back	rappeler
to answer	répondre
to send a text message (to)	envoyer un SMS (à)
to text	envoyer un SMS à
(tele)phone	téléphone
cordless (tele)phone	téléphone sans fil
line	ligne
landline	ligne fixe
receiver	récepteur
handset	combiné
earpiece	écouteur
dialling tone *(Br)*	tonalité
dial tone *(Am)*	tonalité
tone	signal sonore, bip
ringtone	sonnerie
dial	cadran
hash/star key	touche dièse/étoile
telephone directory	annuaire
phone book	annuaire
Yellow Pages®	Pages Jaunes®
phone booth	cabine téléphonique
phone box *(Br)*	cabine téléphonique
payphone	téléphone public
phonecard	carte de téléphone
top-up card	recharge *(pour téléphone portable)*
reverse-charge call *(Br)*	PCV
collect call *(Am)*	PCV
long-distance call	communication interurbaine
local/national/international call	appel local/national/international
dialling code *(Br)*	indicatif
dial code *(Am)*	indicatif

38 The Phone

speed dial	*numérotation abrégée*
number	*numéro*
wrong number	*faux numéro*
(directory) enquiries *(Br)*	*renseignements*
information *(Am)*	*renseignements*
directory assistance *(Am)*	*renseignements*
emergency	*urgence*
operator	*opérateur (-trice)*
answering machine	*répondeur*
message	*message*
mobile (phone) *(Br)*	*(téléphone) portable*
cellphone *(Am)*, cell *(Am, Fam)*	*(téléphone) portable*
text message	*SMS, texto, message texte*
engaged *(Br)*	*occupé*
busy *(Am)*	*occupé*
out of order	*en dérangement*

---

he phoned ø his mother
il a téléphoné à sa mère

the phone's ringing
ça sonne

who's speaking?
qui est à l'appareil ?

hello, this is Peter speaking
allô ! c'est Peter à l'appareil

I'd like to speak to Martin
j'aimerais parler à Martin

speaking
lui-même

it's engaged *(Br)*, the line's busy *(Am)*
ça sonne occupé

hold on
ne quittez pas

did you get my message?
tu as eu mon message ?

there's no answer
ça ne répond pas

we got cut off
on a été coupés

I'm sorry, he's not in
je regrette, il n'est pas là

who's calling?
c'est de la part de qui ?

would you like to leave a message?
voulez-vous laisser un message ?

I'll just hand you over to him
je vous le passe

I can't get a signal here
il n'y a pas réception ici

LE TÉLÉPHONE 38

please leave a message after the tone
veuillez laisser un message après le bip

sorry, I've got the wrong number
excusez-moi, je me suis trompé de numéro

where can I reach you during the day?
où est-ce que je peux vous joindre dans la journée ?

I can't get through to his office
je n'arrive pas à avoir son bureau

my number is two two four nine one six
voici mon numéro : vingt-deux, quarante-neuf, seize

I'd like to make a *(Br)* reverse-charge call ou *(Am)* collect call
je voudrais appeler en PCV

you should call ø *(Br)* directory enquiries ou *(Am)* ø information
tu devrais appeler les renseignements

Remarque :

★ En anglais, les numéros de téléphone se lisent chiffre par chiffre :

1567 = one five six seven

40032 = four zero zero three two
four double 'o' three two *(Br)*

★ En anglais britannique, on prononce le chiffre 0 comme la lettre o, mais on emploie aussi maintenant zero.

★ Remarquez l'emploi de double en anglais britannique lorsqu'on a deux chiffres identiques. Cependant, cet emploi n'est pas systématique ; on peut aussi répéter les deux chiffres.

★ À l'écrit, on regroupe normalement les chiffres en fonction des différents codes régionaux. À l'oral, on marquera une pause après chaque groupe de chiffres :

0141-221-5266 = 'o' one four one - double two one ou two two one - five two double six ou six six

39 Computers and the Internet
Les ordinateurs et Internet

to click	cliquer
to connect to the Internet	se connecter à Internet
to copy	copier
to cut	couper
to delete	effacer
to download	télécharger
to e-mail	envoyer un e-mail, envoyer par e-mail
to get an e-mail	recevoir un e-mail
to log on/off	se connecter/se déconnecter
to paste	coller
to print	imprimer
to save	sauvegarder
to select	sélectionner
to send an e-mail	envoyer un e-mail
to surf the Net	naviguer sur (l')Internet
on line	en ligne
off line	hors ligne
CD drive	lecteur de CD
CD-Rom	CD-Rom
computer	ordinateur
cursor	curseur
disk	disque, disquette
disk drive	lecteur de disquettes
DVD drive	lecteur de DVD
file	fichier
floppy (disk)	disquette
hard disk	disque dur
hardware	matériel informatique
key	touche
keyboard	clavier
laptop (computer)	ordinateur portable
modem	modem
monitor	moniteur
mouse	souris

LES ORDINATEURS ET INTERNET

pointer	*pointeur*
printer	*imprimante*
program	*programme*
scanner	*scanner*
screen	*écran*
software	*logiciel*
access provider	*fournisseur d'accès*
at sign (@)	*arobase, a commercial*
browser	*navigateur*
cybercafé	*cybercafé*
dot	*point*
e-mail	*courrier électronique, e-mail*
e-mail account	*compte e-mail*
e-mail address	*adresse e-mail*
home page	*page d'accueil*
Inbox	*boîte d'envoi*
the Internet	*Internet*
Internet café	*café Internet, cybercafé*
Internet surfer	*internaute*
Outbox	*boîte de réception*
password	*mot de passe*
Trash	*corbeille*
underscore	*trait de soulignement*
Web page	*page Web*
Web site	*site Web*
the (WorldWide) Web	*le (WorldWide) Web*

---

select Print from the File menu
sélectionner Imprimer dans le menu Fichier

I need to go to the Internet café to check my mail
je dois aller au cybercafé pour vérifier mes e-mails

I'd like to open an e-mail account
je voudrais m'ouvrir une adresse e-mail

how do I get online?
comment est-ce que je me connecte ?

there's something wrong with my computer, it's frozen
il y a un problème avec mon ordinateur, il est bloqué

40 Greetings and Polite Phrases
Les salutations et les formules de politesse

to greet	*saluer*
to introduce	*présenter*
to express	*exprimer, présenter, manifester*
to thank	*remercier*
to wish	*souhaiter*
to congratulate	*féliciter*
to apologize	*s'excuser*
hello	*bonjour*
good morning	*bonjour (matin)*
good afternoon	*bonjour (après-midi)*
hi!	*salut ! (bonjour)*
bye!	*salut ! (au revoir)*
cheerio! *(Br, Fam)*	*salut ! (au revoir)*
goodbye	*au revoir*
good evening	*bonsoir*
good night	*bonne nuit*
pleased to meet you	*enchanté*
how are you?	*comment vas-tu/allez-vous ?*
how are things?	*comment ça va ?*
see you soon	*à bientôt*
see you later	*à plus tard*
see you tomorrow	*à demain*
see you	*à plus*
have a good day!	*bonne journée !*
have a good time!	*amuse-toi/amusez-vous bien*
enjoy your meal!	*bon appétit !*
good luck!	*bonne chance !*
have a good trip!	*bon voyage !*
safe journey!	*bonne route !*
welcome!	*bienvenue !*
sorry	*pardon, excuse-moi/excusez-moi*
excuse me	*excuse-moi/excusez-moi (pour attirer l'attention)*
watch out!	*attention !*
yes	*oui*

LES SALUTATIONS ET LES FORMULES DE POLITESSE 40

no	*non*
no, thanks	*non merci*
yes, please	*oui, s'il vous plaît*
please	*s'il vous plaît*
thank you, thanks	*merci*
thank you very much	*merci beaucoup*
you're welcome	*je t'en/vous en prie, de rien*
not at all	*je t'en/vous en prie*
don't mention it	*je t'en/vous en prie*
cheers!	*à ta/votre santé !*
bless you!	*à tes/vos souhaits*
OK	*d'accord*
so much the better	*tant mieux*
too bad	*tant pis*
never mind	*ça ne fait rien*

festivities les festivités

Merry Christmas!	*Joyeux Noël !*
Happy New Year!	*Bonne année !*
Best Wishes!	*Meilleurs vœux !*
Happy Easter!	*Joyeuses Pâques !*
Happy Birthday!	*Bon anniversaire !*
Congratulations!	*Félicitations !*

---

may I introduce Angela Barker?
je vous présente Angela Barker

please accept my best wishes/my sympathy
je vous présente mes meilleurs vœux/mes condoléances

I hope you have a very happy birthday
je vous souhaite un bon anniversaire

I'm terribly sorry
je suis vraiment désolé

I'm sorry to bother you
excusez-moi de vous déranger

excuse me please, could you tell me...?
pardon, monsieur/madame, pouvez-vous me dire...?

do you mind if I smoke?
ça vous dérange si je fume ?

I don't mind
ça m'est égal

it's a pleasure/you're welcome
de rien/il n'y a pas de quoi

41 Going on Holiday
Partir en vacances

to go on (Br) holiday ou (Am) vacation	partir en vacances
to reserve	réserver
to book	réserver
to rent	louer
to confirm	confirmer
to cancel	annuler
to get information (about)	se renseigner (sur)
to pack	faire ses bagages
to pack one's suitcase	faire sa valise
to make (out) a list	faire une liste
to take	emporter
to forget	oublier
to leave behind	oublier
to take out insurance	contracter une assurance
to renew one's passport	renouveler son passeport
to get vaccinated	se faire vacciner
to visit	visiter
to travel	voyager
to be interested in	s'intéresser à
to search	fouiller
to declare	déclarer
to smuggle	passer en fraude
to check	contrôler
on holiday (Br)	en vacances
on vacation (Am)	en vacances

planning a holiday les préparatifs de vacances

travel agent's ou agency	agence de voyages
tourist information centre ou (Am) center	office du tourisme
brochure	brochure
leaflet	dépliant
timetable	horaires
package tour ou holiday	voyage organisé
school trip	voyage scolaire

PARTIR EN VACANCES

guidebook	*guide (livre)*
phrasebook	*guide de conversation*
map	*plan, carte*
itinerary	*itinéraire, programme*
booking	*réservation*
deposit	*arrhes, caution*
list	*liste*
luggage	*bagages*
baggage	*bagages*
suitcase	*valise*
travel bag	*sac de voyage*
holdall *(Br)*	*fourre-tout*
carryall *(Am)*	*fourre-tout*
backpack	*sac à dos*
rucksack *(Br)*	*sac à dos*
toilet bag	*trousse de toilette*
label	*étiquette*
traveller's cheques, *(Am)* traveler's checks	*chèques de voyage*
travel insurance	*assurance-voyage*
in advance	*à l'avance*

tourism le tourisme

tourist	*touriste*
foreigner	*étranger*
attractions	*curiosités*
places of interest	*sites*
specialities	*spécialités*
crafts	*artisanat*
(tour) guide	*guide (personne)*
visit	*visite*
guided tour	*visite guidée*
journey	*voyage, trajet, parcours*
excursion	*excursion*
coach trip *(Br)*	*excursion en car*
group	*groupe*
stay	*séjour*
hospitality	*hospitalité*
consulate	*consulat*
embassy	*ambassade*

41 Going on Holiday

at customs à la douane

customs	douane
customs officer	douanier (-ère)
border	frontière
passport	passeport
visa	visa
ticket	billet

do you have a timetable, please?
est-ce que vous auriez un dépliant avec les horaires ?

I'd like to book a ticket to London
je voudrais réserver un billet pour Londres

should we confirm our booking in writing?
devons-nous confirmer notre réservation par écrit ?

I'm really looking forward to going on holiday
j'ai vraiment hâte de partir en vacances

"don't forget to tip your guide"
"n'oubliez pas le guide"

we need to go through customs
il faut que nous passions la douane

nothing to declare
rien à déclarer

Remarque :

★ **Luggage** et **baggage** sont d'autres exemples de noms indénombrables :

my luggage hasn't arrived
mes bagages ne sont pas arrivés

a piece of hand luggage
un bagage à main

★ Souvenez-vous que **customs** (*la douane*) est un nom pluriel ; il sera donc suivi d'un verbe au pluriel.

Voir aussi chapitres :

- **42 Les chemins de fer**
- **43 L'avion**
- **44 Les transports en commun**
- **45 Les hôtels et les auberges de jeunesse**

42 Railways
Les chemins de fer

to reserve	réserver
to book	réserver
to change	changer
to punch	composter
to get off	descendre
to get on/in	monter
to be late	avoir du retard
to be derailed	dérailler
on time	à l'heure
late	en retard
reserved	réservé
taken	occupé (place)
engaged *(Br)*	occupé (toilettes)
occupied *(Am)*	occupé (toilettes)
free	libre
smoker	fumeurs (compartiment)
non-smoker	non-fumeurs (compartiment)

the station la gare

railway *(Br)*	chemin de fer
railroad *(Am)*	chemin de fer
ticket office	guichet
ticket machine	billetterie automatique
information	renseignements
indicator board	panneau d'information
arrivals/departures board	panneau des arrivées/des départs
waiting room	salle d'attente
station buffet	buffet de la gare
luggage	bagages
left-luggage (office) *(Br)*	consigne
checkroom *(Am)*	consigne
lockers	consigne automatique
left-luggage lockers *(Br)*	consigne automatique
(luggage) trolley	chariot à bagages
lost property office *(Br)*	bureau des objets trouvés
lost-and-found (office) *(Am)*	bureau des objets trouvés
station manager	chef de gare

42 Railways

station master	*chef de gare (d'une petite gare)*
guard *(Br)*	*chef de train*
conductor *(Am)*	*chef de train*
ticket inspector	*contrôleur (-euse)*
railwayman *(Br)*	*cheminot*
railroad man *(Am)*	*cheminot*
passenger	*voyageur (-euse), passager (-ère)*

the train le train

freight train	*train de marchandises*
direct train	*train direct*
through train	*train direct*
express train	*train express*
fast train	*train rapide*
intercity train *(Br)*	*train rapide, train grandes lignes*
Motorail train *(Br)*	*train autos-couchettes*
electric train	*train électrique*
diesel train	*autorail*
Trans-Europe-Express train	*TEE*
high-speed train	*train à grande vitesse*
Eurostar	*Eurostar*
locomotive	*locomotive*
engine	*locomotive*
steam engine	*locomotive à vapeur*
dining car	*wagon-restaurant (où l'on peut s'asseoir)*
buffet car	*wagon-restaurant (où l'on peut acheter nourriture et boissons à emporter)*
trolley	*chariot*
coach	*wagon, voiture*
carriage *(Br)*	*wagon, voiture*
car *(Am)*	*wagon, voiture*
sleeper	*wagon-lit*
front of the train	*tête du train*
rear of the train	*queue du train*
luggage van *(Br)*	*fourgon à bagages*
baggage car *(Am)*	*fourgon à bagages*
compartment	*compartiment*
couchette	*couchette*
toilets *(Br)*	*toilettes*
restroom *(Am)*	*toilettes*
door	*portière*
window	*fenêtre*
seat	*place*

LES CHEMINS DE FER 42

(luggage) rack	*porte-bagages*
alarm	*signal d'alarme*
communication cord	*sonnette d'alarme*

the journey le trajet

platform	*quai*
tracks	*rails*
track	*voie ferrée*
line	*ligne*
network	*réseau*
level crossing *(Br)*	*passage à niveau*
grade crossing *(Am)*	*passage à niveau*
tunnel	*tunnel*
Channel Tunnel	*le tunnel sous la Manche*
stop	*arrêt*
arrival	*arrivée*
departure	*départ*
connection	*correspondance*

tickets les billets

half(-price ticket)	*billet demi-tarif*
reduced rate	*tarif réduit*
adult	*adulte*
single (ticket) *(Br)*	*aller simple*
one-way (ticket) *(Am)*	*aller simple*
return (ticket) *(Br)*	*aller-retour*
round-trip (ticket) *(Am)*	*aller-retour*
day return *(Br)*	*aller-retour valable pour la journée*
season ticket *(Br)*	*carte d'abonnement*
peak	*heures de pointe*
off-peak	*heures creuses*
class	*classe*
first class	*première (classe)*
standard class	*classe économique*
railcard *(Br)*	*carte de chemin de fer*
reservation	*réservation*
timetable	*horaires*
public holidays	*jours fériés*
weekdays	*jours ouvrables*

42 Railways

I went to Paris by train/I took the train to Paris
je suis allé à Paris en train/j'ai pris le train pour Paris

a single/return to York, please
un aller simple/aller-retour pour York, s'il vous plaît

when is the next/last train for Edinburgh?
à quelle heure part le prochain/dernier train pour Édimbourg ?

the train is running on time
le train est à l'heure

they arrived at the station just in time
ils sont arrivés à la gare juste à temps

the train (arriving) from London is twenty minutes late
le train en provenance de Londres a vingt minutes de retard

the train to Glasgow
le train à destination de Glasgow

the Birmingham train
le train pour/de Birmingham

do I have to change ø trains?
dois-je changer de train ?

change at Crewe
il faut changer à Crewe

this train calls at...
ce train dessert les gares de...

I'm on the train
je suis dans le train

we'll have to run to catch the connection
il faudra courir pour attraper notre correspondance

is this seat taken?
est-ce que cette place est prise ?

"tickets please"
"vos billets, s'il vous plaît"

she took me to the station
elle m'a accompagné à la gare

I nearly missed my train
j'ai failli manquer mon train

he came and picked me up at the station
il est venu me chercher à la gare

43 Flying L'avion

to check in	*enregistrer ses bagages*
to take off	*décoller*
to fly	*voyager/aller en avion, voler*
to land	*atterrir*
to stop over at	*faire escale à*
to board	*embarquer*
to search	*fouiller*

at the airport à l'aéroport

runway	*piste*
(air) terminal	*aérogare*
airline	*compagnie aérienne*
information	*informations*
check-in	*enregistrement des bagages*
hand luggage	*bagages à main*
duty-free shop	*boutique hors taxes*
boarding	*embarquement*
departure lounge	*salle d'embarquement*
gate	*porte*
passport control	*contrôle des passeports*
X-ray machine	*machine à rayons X*
boarding pass ou card	*carte d'embarquement*
baggage reclaim	*retrait des bagages*

on board à bord

plane	*avion*
supersonic plane	*avion supersonique*
jet	*jet*
jumbo jet	*jumbo-jet, gros-porteur*
charter flight	*(vol) charter*
charter plane	*(avion) charter*
aircraft	*avion, appareil*
engine	*moteur*
nose	*nez*
tail	*queue*
wing	*aile*
propeller	*hélice*

43 Flying

window	*hublot*
seat belt	*ceinture*
emergency exit	*issue/sortie de secours*
seat	*place*
flight	*vol*
direct flight	*vol direct*
domestic flight	*vol intérieur*
international flight	*vol international*
altitude	*altitude*
speed	*vitesse*
departure	*départ*
take-off	*décollage*
arrival	*arrivée*
landing	*atterrissage*
emergency landing	*atterrissage forcé*
stopover	*escale*
delay	*retard*
(cabin) crew	*équipage*
pilot	*pilote*
co-pilot	*copilote*
stewardess	*hôtesse de l'air*
steward	*steward*
passenger	*passager (-ère)*
hijacker	*pirate de l'air*
cancelled	*annulé*
delayed	*en retard*

---

would you like a window seat or an aisle seat?
voulez-vous une place côté hublot ou côté couloir ?

what time does boarding start?
à quelle heure embarque-t-on ?

"now boarding at gate number 17"
"embarquement immédiat, porte numéro 17"

"fasten your seat belt"
"attachez vos ceintures"

I've left something on the plane
j'ai oublié quelque chose dans l'avion

L'AVION

I'd like to report the loss of my luggage
je voudrais faire une déclaration de perte pour mes bagages

your luggage is fifteen kilos overweight
vous avez un excédent de quinze kilos

Remarque :

★ Le mot singulier crew (*équipage*) s'emploie souvent comme nom collectif : il peut être accompagné d'un verbe au singulier (pour insister sur l'ensemble de l'équipage) ou d'un verbe au pluriel (pour insister sur les membres qui composent l'équipage). Comparez :

the crew is excellent
l'équipage est excellent

the crew have all enjoyed themselves
l'équipage s'est bien amusé

44 Public Transport
Les transports en commun

to get off	descendre
to get on	monter
to wait (for)	attendre
to arrive	arriver
to change	changer
to stop	s'arrêter
to hurry	se dépêcher
to miss	manquer
to produce one's ticket	présenter son billet
bus	bus, car
double-decker *(Br)*	bus à impériale
coach *(Br)*	car, autocar
underground *(Br)*	métro
subway *(Am)*	métro
tube *(Br)*	métro londonien
train	train
local train	train de banlieue
tram *(Br)*	tramway
streetcar *(Am)*	tramway
shuttle	navette
taxi	taxi
cab	taxi
driver	conducteur (-trice)
ticket inspector	contrôleur (-euse) (train)
passenger	passager (-ère)
fare dodger *(Br, Fam)*	resquilleur (-euse)
fare beater *(Am, Fam)*	resquilleur (-euse)
commuter	personne qui fait un trajet journalier pour se rendre au travail, banlieusard(e)
bus station	gare routière
underground ou tube station *(Br)*	station de métro
subway station *(Am)*	station de métro
taxi rank *(Br)*	station de taxis
bus shelter	Abribus®
bus stop	arrêt de bus

LES TRANSPORTS EN COMMUN 44

booking office	*guichet*
ticket machine	*billetterie automatique*
waiting room	*salle d'attente*
exit	*sortie*
network	*réseau*
line	*ligne*
platform	*quai*
departure	*départ*
direction	*direction*
arrival	*arrivée*
back	*arrière*
front	*avant*
seat	*place*
ticket	*billet*
fare	*prix du billet*
book of tickets	*carnet de billets*
season ticket	*carte d'abonnement*
adult	*adulte*
child	*enfant*
first class	*première (classe)*
standard class	*classe économique*
reduction	*réduction*
concession	*tarif réduit*
excess fare	*supplément*
peak	*heures de pointe*
off-peak	*heures creuses*
rush hour	*heure de pointe*

I get the bus to school
je vais à l'école en bus

I'm on the bus
je suis dans le bus

get on the bus!
monte dans le bus !

two stops from here
dans deux arrêts

where can I get a bus to...?
où est-ce que je peux prendre un bus pour... ?

where is the nearest (*Br*) underground ou (*Am*) subway station?
où se trouve la station de métro la plus proche ?

Voir aussi chapitre :

42 LES CHEMINS DE FER

45 Hotels and Youth Hostels Les hôtels et les auberges de jeunesse

to check in	se présenter à la réception
to check out	régler sa note, quitter l'hôtel
to pay one's bill *(Br)*	régler sa note
to order room service	appeler le service de chambre
vacancies	chambres libres
no vacancies	complet
closed	fermé
hotel	hôtel
guesthouse	pension (de famille), chambre d'hôtes
bed and breakfast, *(Fam)* B&B	chambre et petit déjeuner, chambre d'hôtes
booking	réservation
reception	réception
full board	pension complète
half board	demi-pension
price per person per night (pppn)	prix par personne et par nuit
breakfast included	petit déjeuner compris
all inclusive	tout compris
service	service
tip	pourboire
bill *(Br)*	note, addition
check *(Am)*	note, addition
complaint	réclamation
restaurant	restaurant
dining room	salle à manger
(residents') lounge	salon
bar	bar
fitness centre *(Br)*	club de gym
swimming pool	piscine
sauna	sauna
conference facilities	salles de conférences
car park *(Br)*	parking
parking lot *(Am)*	parking
lift *(Br)*	ascenseur
elevator *(Am)*	ascenseur

LES HÔTELS ET LES AUBERGES DE JEUNESSE

breakfast	*petit déjeuner*
continental breakfast	*petit déjeuner continental*
full English/Scottish/American breakfast	*petit déjeuner anglais/écossais/américain*
lunch	*déjeuner*
dinner	*dîner*
evening meal	*dîner*
room service	*service de chambre*
wake-up call	*réveil par téléphone*
manager	*directeur (-trice), gérant(e)*
receptionist	*réceptionniste*
night porter	*gardien de nuit*
chambermaid	*femme de chambre*
porter *(Br)*	*portier*
bellboy *(Am)*	*porteur*
bellhop *(Am)*	*porteur*

the room la chambre

key	*clé*
keycard	*carte magnétique*
room with en suite bathroom	*chambre avec salle de bains*
single room	*chambre pour une personne*
double room	*chambre double*
twin room	*chambre à deux lits*
family room	*chambre familiale*
bed	*lit*
double bed	*lit double, lit à deux places*
single bed	*lit à une place*
twin beds	*lits jumeaux*
bathroom	*salle de bains, (Am) toilettes*
shower	*douche*
washbasin *(Br)*	*lavabo*
washbowl *(Am)*	*lavabo*
hot water	*eau chaude*
toilet *(Br)*	*toilettes, W.-C.*
mini-bar	*minibar*
safety deposit box	*coffre-fort*
satellite/cable TV	*télévision par câble/satellite*
air conditioning	*climatisation*
emergency exit	*sortie de secours*
fire escape	*escalier de secours*
balcony	*balcon*
view	*vue*

45 Hotels and Youth Hostels

youth hostel l'auberge de jeunesse

backpacker	routard(e)
dormitory	dortoir
canteen	réfectoire
games room	salle de jeux
membership card	carte de membre
duty	corvée
backpack	sac à dos
rucksack *(Br)*	sac à dos
hitchhiking	auto-stop

a two/three star hotel
un hôtel deux/trois étoiles

we're full
nous sommes complets

have you got any vacancies?
avez-vous des chambres libres ?

do you have any rooms available?
est-ce qu'il vous reste des chambres de libres ?

I'd like a single/double room
je voudrais une chambre pour une personne/deux personnes

a room overlooking the sea
une chambre donnant sur la mer

a room with an en suite bathroom
une chambre avec salle de bains

for how many nights?
pour combien de nuits ?

is breakfast included?
est-ce que le petit déjeuner est inclus ?

I booked a room for two over the phone
j'ai réservé une chambre pour deux par téléphone

I'm in ø room number 7
je suis à la chambre numéro 7

the key for ø room 12, please
la clé de la 12, s'il vous plaît

could you please call me at seven a.m.?
pouvez-vous me réveiller à sept heures ?

check-out time is midday
les chambres doivent être libérées avant midi

could you make up my bill, please?
pourriez-vous préparer ma note, s'il vous plaît ?

can I leave my backpack at ø reception?
est-ce que je peux laisser mon sac à dos à la réception ?

46 Camping Le camping

to camp	camper
to go camping	faire du camping
to go caravanning	faire du caravaning
to pitch the tent	planter la tente
to take down the tent	démonter la tente
to sleep out in the open	dormir à la belle étoile
to pay a deposit	verser des arrhes
camping	camping (activité)
campsite	(terrain de) camping
campground *(Am)*	(terrain de) camping
camper	campeur
tent	tente
space	emplacement
air bed	matelas pneumatique
Lilo® *(Br)*	matelas pneumatique
fly sheet	double toit
ground *(Br)* sheet ou *(Am)* cloth	tapis de sol
peg	piquet
mallet	maillet
rope	corde
guy rope	corde de tente
fire	feu
campfire	feu de camp
camping stove	Camping-Gaz®
refill	recharge
stove	réchaud
billy (can) *(Br)*	gamelle
penknife	canif
bucket	seau
sleeping bag	sac de couchage
flashlight	lampe de poche
torch *(Br)*	lampe de poche
toilet block	sanitaires
toilets	toilettes
showers	douches
drinking water	eau potable
rubbish bin *(Br)*	poubelle
garbage can *(Am)*	poubelle
mosquito	moustique
insect repellent	produit insectifuge

46 Camping

caravanning	caravaning
caravan site	terrain de caravaning
caravan *(Br)*	caravane
mobile home *(Br)*	mobil-home
chalet	chalet
camper (van)	camping-car
Dormobile® *(Br)*	camping-car
motor home *(Am)*	camping-car
trailer	remorque, *(Am)* caravane

> may we camp here?
> *est-ce que nous pouvons camper ici ?*
>
> "no camping"
> *"défense de camper"*
>
> is there a campsite near here?
> *est-ce qu'il y a un camping près d'ici ?*
>
> I'd like a space for one tent for two days
> *je voudrais un emplacement pour une tente pour deux jours*
>
> we were at number 62, row B
> *on était au numéro 62, allée B*

47 At the Seaside
Au bord de la mer

to swim	nager
to go for a swim	aller se baigner
to dive	plonger
to go diving	faire de la plongée
to float	flotter
to paddle about	patauger
to drown	se noyer
to get a tan	se faire bronzer
to sunbathe	prendre un bain de soleil
to get sunburnt	attraper un coup de soleil
to get sunstroke	attraper une insolation
to peel	peler
to splash	éclabousser
to be seasick	avoir le mal de mer
to row	ramer
to sink	couler
to capsize	chavirer
to fall overboard	passer par-dessus bord
to go on board	monter à bord
to disembark	débarquer
to drop anchor	jeter l'ancre
to weigh anchor	lever l'ancre
sunny	ensoleillé
tanned	bronzé
sunburn	coup de soleil
sunstroke	insolation
in the shade	à l'ombre
in the sun	au soleil
off the coast of	au large de
sea	mer
beach	plage
shore	rivage
buoy	balise flottante
beach hut	cabine (de plage)
sand	sable
shingle	galets
rock	rocher
cliff	falaise
salt	sel

47 At the Seaside

wave	vague
groundswell	lame de fond
tidal wave	raz-de-marée
high tide	marée haute
low tide	marée basse
current	courant
coast	côte
harbour, *(Am)* harbor	port
quay	quai
pier	jetée
jetty	embarcadère, jetée
seafront	front de mer
seabed	fond de la mer
lighthouse	phare
horizon	horizon
sunset	coucher de soleil
lifeguard	surveillant de baignade
swimming instructor	maître nageur
swimmer	nageur (-euse)
(sea)shell	coquillage, coquille
seaweed	algues
fish	poisson
crab	crabe
mussel	moule
shellfish	crustacé
shark	requin
seagull	mouette
jellyfish	méduse

boats les bateaux

ship	bateau, navire
boat	bateau, barque
rowing boat	bateau à rames
sailing boat	voilier
sailboat *(Am)*	voilier
motorboat	bateau à moteur
yacht	yacht, voilier
liner	paquebot
cruise ship	bateau de croisière
ferry	ferry
dinghy	canot pneumatique
pedal boat	pédalo
sail board	planche à voile
oar	rame

AU BORD DE LA MER

sail	voile
sailing	voile *(activité)*
anchor	ancre
wreck	épave
port	bâbord
starboard	tribord
bow	proue
stern	poupe

things for the beach — les affaires de plage

swimsuit	maillot de bain *(pour femme)*
(swimming) trunks	maillot de bain *(pour homme)*
bikini	bikini
swimming cap	bonnet de bain
goggles	lunettes de plongée
mask	masque de plongée
snorkel	tuba
flippers	palmes
rubber ring	bouée
air bed	matelas pneumatique
Lilo® *(Br)*	matelas pneumatique
surfboard	surf
deckchair	transat
beach towel	serviette de plage
sunglasses	lunettes de soleil
beach umbrella	parasol
suntan oil	huile solaire
suntan lotion	lait solaire
spade	pelle
bucket	seau
sandcastle	château de sable
Frisbee®	Frisbee®
ball	ballon
flip-flops *(Br)*	tongs
thongs *(Am)*	tongs

"no bathing"
"baignade interdite"

I can't swim
je ne sais pas nager

"man overboard!"
"un homme à la mer !"

I got ø sunburnt/sunstroke
j'ai attrapé un coup de soleil/une insolation

47 At the Seaside

Remarque :

★ Attention : "l'ombre" se traduira par **shade** ou par **shadow** selon les contextes. On utilise **shadow** pour une ombre projetée, tandis que **shade** s'emploie surtout dans l'expression "à l'ombre (de)", **in the shade (of)** :

we sat **in the shade** the **shadow** of a tree
on s'est assis à l'ombre *l'ombre d'un arbre*

48 GEOGRAPHICAL TERMS LES TERMES GÉOGRAPHIQUES

continent	*continent*
country	*pays*
area	*région*
district	*région, quartier*
city	*(grande) ville*
town	*ville, commune*
village	*village*
capital (city)	*capitale*
mountain	*montagne*
mountain range	*chaîne de montagnes*
hill	*colline*
cliff	*falaise*
summit	*sommet*
peak	*pic*
pass	*col*
valley	*vallée*
plain	*plaine*
plateau	*plateau*
glacier	*glacier*
volcano	*volcan*
relief	*relief*
sea	*mer*
ocean	*océan*
lake	*lac*
pool	*mare, étang*
pond	*mare, étang*
river	*rivière, fleuve*
stream	*ruisseau*
canal	*canal*
spring	*source*
coast	*côte*
island	*île*
peninsula	*presqu'île, péninsule*
promontory	*promontoire*
bay	*baie*

48 Geographical Terms

gulf	golfe
estuary	estuaire
desert	désert
forest	forêt
tropical forest	forêt tropicale
tropical rainforest	forêt équatoriale
latitude	latitude
longitude	longitude
altitude	altitude
depth	profondeur
area	superficie
population	population
world	monde
universe	univers
Tropics	tropiques
North Pole	pôle Nord
South Pole	pôle Sud
Equator	équateur
solar system	système solaire
space	espace
planet	planète
Mercury	Mercure
Venus	Vénus
Earth	Terre
Mars	Mars
Jupiter	Jupiter
Saturn	Saturne
Uranus	Uranus
Neptune	Neptune
Pluto	Pluton
sun	soleil
moon	lune
star	étoile, astre
constellation	constellation
asteroid	astéroïde
comet	comète
Milky Way	Voie lactée

LES TERMES GÉOGRAPHIQUES 48

> what is the highest mountain in Europe?
> *quelle est la plus haute montagne d'Europe ?*
>
> London is a flat town
> *Londres est une ville sans relief*
>
> the Earth moves around the Sun
> *la Terre tourne autour du Soleil*

Voir aussi chapitres :

- **28 LA NATURE**
- **49 LES PAYS, LES MERS ET LES MONTAGNES**

49 Countries, Seas and Mountains
Les pays, les mers et les montagnes

countries les pays

Afghanistan	*Afghanistan*
Albania	*Albanie*
Algeria	*Algérie*
Australia	*Australie*
Austria	*Autriche*
Belarus	*Biélorussie*
Belgium	*Belgique*
Bosnia	*Bosnie*
Bulgaria	*Bulgarie*
Canada	*Canada*
China	*Chine*
Croatia	*Croatie*
Czech Republic	*République tchèque*
Denmark	*Danemark*
Egypt	*Égypte*
Eire	*République d'Irlande*
England	*Angleterre*
Estonia	*Estonie*
Finland	*Finlande*
France	*France*
Germany	*Allemagne*
Great Britain	*Grande-Bretagne*
Greece	*Grèce*
Holland	*Hollande*
Hungary	*Hongrie*
India	*Inde*
Iran	*Iran*
Iraq	*Irak*
Ireland	*Irlande*
Israel	*Israël*
Italy	*Italie*
Japan	*Japon*
Jordan	*Jordanie*

LES PAYS, LES MERS ET LES MONTAGNES 49

Latvia	*Lettonie*
Lebanon	*Liban*
Libya	*Libye*
Lithuania	*Lituanie*
Luxembourg	*Luxembourg*
Macedonia	*Macédoine*
Morocco	*Maroc*
Netherlands	*Pays-Bas*
New Zealand	*Nouvelle-Zélande*
Northern Ireland	*Irlande du Nord*
Norway	*Norvège*
Pakistan	*Pakistan*
Palestine	*Palestine*
Poland	*Pologne*
Portugal	*Portugal*
Romania	*Roumanie*
Russia	*Russie*
Saudi Arabia	*Arabie saoudite*
Scotland	*Écosse*
Slovakia	*Slovaquie*
Slovenia	*Slovénie*
Spain	*Espagne*
Sweden	*Suède*
Switzerland	*Suisse*
Syria	*Syrie*
Tunisia	*Tunisie*
Turkey	*Turquie*
Ukraine	*Ukraine*
United Kingdom	*Royaume-Uni*
United States	*États-Unis*
USA	*USA*
Wales	*pays de Galles*

continents les continents

Africa	*Afrique*
America	*Amérique*
Asia	*Asie*
Australia	*Australie*
Europe	*Europe*
North/South America	*Amérique du Nord/Sud*
Oceania	*Océanie*

49 Countries, Seas and Mountains

major European capitals — les principales capitales européennes

Amsterdam	Amsterdam
Athens	Athènes
Belfast	Belfast
Berlin	Berlin
Bern	Berne
Brussels	Bruxelles
Cardiff	Cardiff
Copenhagen	Copenhague
Dublin	Dublin
Edinburgh	Édimbourg
Helsinki	Helsinki
Lisbon	Lisbonne
London	Londres
Luxembourg	Luxembourg
Madrid	Madrid
Moscow	Moscou
Oslo	Oslo
Paris	Paris
Prague	Prague
Rome	Rome
Stockholm	Stockholm
Vienna	Vienne
Warsaw	Varsovie

regions — les régions

the Third World	le tiers-monde
the Eastern Bloc	les pays de l'Est
the Balkans	les Balkans
the East	l'Orient
the West	l'Occident
the Middle East	le Moyen-Orient
the Far East	l'Extrême-Orient
Scandinavia	la Scandinavie
the Caribbean	les Antilles
Brittany	la Bretagne
the South of France	le Midi
the French Riviera	la Côte d'Azur
Normandy	la Normandie
the Basque country	le Pays basque
Cornwall	la Cornouailles

LES PAYS, LES MERS ET LES MONTAGNES 49

the Channel Islands	*les îles Anglo-Normandes*
the Lake District	*la région des lacs*
the Highlands	*les Highlands*

seas, rivers les mers, les fleuves

the Adriatic Sea	*la mer Adriatique*
the Baltic Sea	*la mer Baltique*
the Black Sea	*la mer Noire*
the Caspian Sea	*la mer Caspienne*
the Dead Sea	*la mer Morte*
the (English) Channel	*la Manche*
the Mediterranean Sea	*la Méditerranée*
the North Sea	*la mer du Nord*
the Red Sea	*la mer Rouge*
the Arctic Ocean	*l'océan Arctique*
the Atlantic Ocean	*l'Atlantique*
the Indian Ocean	*l'océan Indien*
the Pacific Ocean	*le Pacifique*
the Loire	*la Loire*
the Rhine	*le Rhin*
the Rhone	*le Rhône*
the Seine	*la Seine*
the Thames	*la Tamise*

islands les îles

the Azores	*les Açores*
Barbados	*la Barbade*
the Bahamas	*les Bahamas*
the Balearic Islands, the Balearics	*les (îles) Baléares*
Bermuda	*les Bermudes*
the Canary Islands, the Canaries	*les (îles) Canaries*
Capri	*Capri*
the Cayman Islands	*les îles Caïmans*
Corfu	*Corfou*
Corsica	*la Corse*
Crete	*la Crète*
Cyprus	*Chypre*
the Falklands	*les Falkland, les (îles) Malouines*
the Faroe Islands	*les îles Féroé*
Fiji	*les îles Fidji*
the Galapagos Islands	*les (îles) Galapagos*

49 Countries, Seas and Mountains

the Hebrides	*les Hébrides*
Jamaica	*la Jamaïque*
Madagascar	*Madagascar*
Madeira	*Madère*
the Maldives	*les Maldives*
the Marshall Islands	*les îles Marshall*
Mauritius	*l'île Maurice*
New Caledonia	*la Nouvelle-Calédonie*
the Orkneys	*les Orcades*
the Philippines	*les Philippines*
Polynesia	*la Polynésie*
Puerto Rico	*Porto Rico*
Reunion	*la Réunion*
Sardinia	*la Sardaigne*
the Seychelles	*les Seychelles*
Sicily	*la Sicile*
the Shetlands	*les Shetland*
St Lucia	*Sainte-Lucie*
Tahiti	*Tahiti*
Trinidad	*l'îles de la Trinité*
the Virgin Islands	*les îles Vierges*
the West Indies	*les Antilles*

mountains *les montagnes*

the Adirondacks	*les Adirondacks*
the Andes	*les Andes*
the Alps	*les Alpes*
the Appalachian Mountains, the Appalachians	*les Appalaches*
the Atlas Mountains	*l'Atlas*
the Caucasus	*le Caucase*
the Dolomites	*les Dolomites*
the Himalayas	*l'Himalaya*
the Pyrenees	*les Pyrénées*
the Rocky Mountains, the Rockies	*les Rocheuses*
the Sierra Nevada	*la sierra Nevada*
the Urals, the Ural mountains	*l'Oural*

I come **from** Lebanon
je viens du Liban

I spent my holidays **in** Spain
j'ai passé mes vacances en Espagne

I live **in** Brussels
j'habite (à) Bruxelles

LES PAYS, LES MERS ET LES MONTAGNES

> I would like to go to China
> *j'aimerais aller en Chine*
>
> have you ever been to the West Indies?
> *êtes-vous déjà allé aux Antilles ?*

Remarque :

★ On omet l'article the devant certaines îles telles que Bermuda, Corsica, Sicily et Sardinia. Cependant, les archipels s'emploient toujours avec l'article défini : the Bahamas, the Hebrides, the Seychelles, etc.

Les chaînes de montagnes prennent l'article et sont souvent des noms pluriels : the Himalayas *l'Himalaya*, the Urals *l'Oural*. Toutefois, on ne met pas the devant les noms de sommets : Etna, Ben Nevis, Kilimanjaro, etc.

Voir aussi chapitre :

50 LES NATIONALITÉS

50 NATIONALITIES
LES NATIONALITÉS

countries les pays

foreign	*étranger*
Afghan	*afghan*
Albanian	*albanais*
Algerian	*algérien*
American	*américain*
Australian	*australien*
Austrian	*autrichien*
Belgian	*belge*
Bosnian	*bosniaque*
British	*britannique*
Bulgarian	*bulgare*
Canadian	*canadien*
Chinese	*chinois*
Croat, Croatian	*croate*
Danish	*danois*
Dutch	*hollandais*
Egyptian	*égyptien*
English	*anglais*
Estonian	*estonien*
Finnish	*finlandais*
Flemish	*flamand*
French	*français*
German	*allemand*
Iranian	*iranien*
Iraqi	*irakien*
Irish	*irlandais*
Israeli	*israélien*
Italian	*italien*
Japanese	*japonais*
Jordanian	*jordanien*
Latvian	*letton*
Lebanese	*libanais*
Libyan	*libyen*
Lithuanian	*lituanien*
Macedonian	*macédonien*
Moroccan	*marocain*

LES NATIONALITÉS 50

New Zealander	*néo-zélandais*
Norwegian	*norvégien*
Pakistani	*pakistanais*
Palestinian	*palestinien*
Polish	*polonais*
Portuguese	*portugais*
Romanian	*roumain*
Russian	*russe*
Saudi (Arabian)	*saoudien*
Scottish	*écossais*
Slovak, Slovakian	*slovaque*
Slovene, Slovenian	*slovène*
Spanish	*espagnol*
Swedish	*suédois*
Swiss	*suisse*
Syrian	*syrien*
Tunisian	*tunisien*
Turkish	*turc*
Ukrainian	*ukrainien*
Welsh	*gallois*
Oriental	*oriental*
Western	*occidental*
African	*africain*
Asian	*asiatique*
European	*européen*
a Frenchman	*un Français*
a Frenchwoman	*une Française*
the French	*les Français*
an Englishman	*un Anglais*
an Englishwoman	*une Anglaise*
the English	*les Anglais*

John is English
John est anglais

I love American movies
j'adore les films américains

the English drink a lot of beer
les Anglais boivent beaucoup de bière

the Germans produce some fine cars
les Allemands produisent de belles voitures

I like Chinese food
j'aime la cuisine chinoise

50 NATIONALITIES

the **Japanese** are famous for their technology
les Japonais sont célèbres pour leur technologie

she likes **Polish** music
elle aime la musique polonaise

the **Poles** are fond of football
les Polonais adorent le football

Spanish food is healthy
la nourriture espagnole est saine

there is a **Spaniard** in my class
il y a un Espagnol dans ma classe

Remarque :

★ Comme le montrent les exemples ci-dessus, le nom désignant la nationalité est parfois différent de l'adjectif. Dans la liste suivante, l'adjectif est en noir et le nom correspondant à l'adjectif est en bleu :

British/Briton *Britannique*
Danish/Dane *Danois*
Finnish/Finn *Finlandais*
Polish/Pole *Polonais*

Scottish/Scot *Écossais*
Spanish/Spaniard *Espagnol*
Swedish/Swede *Suédois*

★ Notez que le pluriel des noms de nationalité se terminant par **-man/-woman** sera bien sûr **-men/-women** : *two Englishmen deux Anglais*. Par ailleurs, remarquez que les noms se terminant par **-ese** ne prennent pas de **-s** au pluriel.

★ Attention : les noms et les adjectifs désignant la nationalité commencent toujours par une majuscule.

51 Languages
Les langues

to learn	apprendre
to learn by heart	apprendre par cœur
to understand	comprendre
to write	écrire
to read	lire
to speak	parler
to repeat	répéter
to pronounce	prononcer
to translate	traduire
to improve	s'améliorer
to mean	vouloir dire
French	français
English	anglais
German	allemand
Spanish	espagnol
Portuguese	portugais
Italian	italien
modern Greek	grec moderne
ancient Greek	grec ancien
Latin	latin
Russian	russe
Arabic	arabe
Chinese	chinois
Japanese	japonais
Gaelic	gaélique
language	langue
mother tongue	langue maternelle
foreign language	langue étrangère
modern languages	langues vivantes
dead languages	langues mortes
vocabulary	vocabulaire
grammar	grammaire
pronunciation	prononciation
translation	traduction

51 Languages

I don't understand
je ne comprends pas

it's in English
c'est en anglais

translated into/from English
traduit en/de l'anglais

she speaks Spanish fluently ou fluent Spanish
elle parle couramment l'espagnol

he's fluent in Italian
il parle couramment italien

could you speak more slowly, please?
pourriez-vous parler plus lentement, s'il vous plaît ?

could you repeat that, please?
pourriez-vous répéter, s'il vous plaît ?

Patrick is good at languages
Patrick est doué pour les langues

Remarque :

★ En anglais, les noms de langues (qui prennent une majuscule) ne sont pas précédés de l'article défini :

I am learning ø English
j'apprends l'anglais

ø English is his native language
sa langue maternelle est l'anglais

he speaks ø English very badly
il parle très mal anglais

★ Remarquez, dans ce dernier exemple, que le groupe adverbial very badly se trouve en fin de phrase. L'adverbe ne peut pas se placer entre le verbe et le complément en anglais. On dira toujours :

they speak English well (et jamais they speak well English)
ils parlent bien anglais

Voir aussi chapitre :

50 Les nationalités

52 INCIDENTS
LES INCIDENTS

to happen	arriver, se passer
to occur	se produire
to take place	avoir lieu
to meet	(se) rencontrer
to coincide	coïncider
to miss	manquer
to drop	laisser tomber
to spill	renverser, (se) répandre
to knock over	renverser
to fall	tomber
to spoil	abîmer
to damage	endommager
to break	casser, briser
to cause	provoquer
to be careful	faire attention
to forget	oublier
to lose	perdre
to look for	chercher
to recognize	reconnaître
to find	trouver
to find (again)	retrouver
to get lost	se perdre, s'égarer
to lose one's way	se perdre, s'égarer
to ask one's way	demander son chemin
absent-minded	distrait
careless	étourdi, négligent
clumsy	maladroit
forgetful	étourdi
unexpected	inattendu
accidentally	par hasard, par mégarde
by chance	par hasard
inadvertently	par inadvertance
unfortunately	malheureusement
coincidence	coïncidence
surprise	surprise

52 INCIDENTS

luck	chance
bad luck	malchance
chance	hasard
misadventure	mésaventure
meeting	rencontre
absent-mindedness	distraction
carelessness	étourderie, négligence
clumsiness	maladresse
forgetfulness	étourderie, manque de mémoire
fall	chute
damage	dégâts, dommages
loss	perte
lost property office *(Br)*	bureau des objets trouvés
lost-and-found (office) *(Am)*	bureau des objets trouvés
reward	récompense

---

what's wrong?
qu'est-ce qu'il y a ?

what is it?
qu'est-ce qu'il y a ?

what a coincidence!
quelle coïncidence !

what a pity!
quel dommage !

just my luck!
c'est bien ma veine !

we're out of luck
on n'a pas de pot

watch out!
attention !

be careful!
attention !

53 ACCIDENTS
LES ACCIDENTS

to drive	rouler, conduire, aller en voiture
to skid	déraper
to slide	glisser
to hurtle down	dévaler
to sink	couler
to burst	éclater
to lose control of	perdre le contrôle de
to derail	dérailler
to somersault	faire un tonneau
to crash into	s'écraser contre, heurter
to run over	écraser
to wreck	démolir, détruire
to demolish	démolir
to damage	endommager
to destroy	détruire
to be trapped	être coincé
to be in shock	être en état de choc
to lose consciousness	perdre connaissance
to regain consciousness	reprendre connaissance
to be in a coma	être dans le coma
to die at the scene	mourir sur le coup
to perish	périr
to witness	être témoin de
to inform	prévenir
to notify	prévenir
to warn	avertir
to make ou draw up a report	établir un constat
to compensate	indemniser
to slip	glisser, déraper
to drown	se noyer
to suffocate	étouffer
to fall (from)	tomber (de)
to fall out of the window	tomber par la fenêtre
to get an electric shock	recevoir une décharge électrique
to electrocute oneself	s'électrocuter
to burn oneself	se brûler

53 Accidents

to scald oneself	s'ébouillanter
to cut oneself	se couper
drunk	ivre
injured	blessé
dead	mort
serious	grave
fatal	mortel
insured	assuré

road accidents les accidents de la route

accident	accident
car accident	accident de voiture
road accident	accident de la route
car crash	collision, accident de voiture
pile-up	carambolage
impact	impact
smash *(Br, Fam)*	collision, carambolage
somersault	tonneau
explosion	explosion
hard shoulder *(Br)*	bande d'arrêt d'urgence
shoulder *(Am)*	bande d'arrêt d'urgence
speeding	excès de vitesse
Breathalyser®	Alcotest®
drink-driving *(Br)*	conduite en état d'ivresse
drunk-driving *(Am)*	conduite en état d'ivresse
driving while intoxicated *(Am)*	conduite en état d'ivresse
tiredness	fatigue
poor visibility	manque de visibilité
blind spot	angle mort
fog	brouillard
rain	pluie
(black) ice *(Br)*	verglas
(glare) ice *(Am)*	verglas
cliff	falaise
precipice	précipice

other accidents autres accidents

industrial accident	accident du travail
mountaineering accident	accident de montagne
fall	chute
drowning	noyade

LES ACCIDENTS

electric shock	*décharge (électrique)*
plane crash	*accident d'avion*

injured persons and witnesses — les blessés et les témoins

injured person	*blessé*
dead person	*mort*
witness	*témoin*
eye witness	*témoin oculaire*
concussion	*commotion cérébrale*
injury	*blessure*
burn	*brûlure*
broken leg/arm	*jambe/bras cassé(e)*
composure	*sang-froid, calme*

help — les secours

emergency services	*police secours*
police	*police*
fire brigade *(Br)*	*pompiers*
fire department *(Am)*	*pompiers*
breakdown service	*service de dépannage*
breakdown vehicle	*dépanneuse*
first aid	*premiers secours*
emergency	*urgence*
ambulance	*ambulance*
doctor	*docteur*
nurse	*infirmier (-ère)*
first-aid kit	*trousse de premiers secours*
stretcher	*brancard*
artificial respiration	*respiration artificielle*
kiss of life	*bouche-à-bouche*
oxygen	*oxygène*
tourniquet	*garrot*

the consequences — les conséquences

damage	*dégâts*
report	*constat*
fine	*amende*
justice	*justice*
court	*tribunal*

53 Accidents

sentence	*condamnation*
insurance	*assurance*
responsibility	*responsabilité*
damages	*dommages et intérêts*
compensation	*indemnité, dédommagement*

> help !
> *au secours !*
>
> go and get some help!
> *allez chercher du secours !*
>
> his son witnessed the car crash
> *son fils a été témoin de l'accident*
>
> his brakes failed
> *ses freins ont lâché*
>
> he's lucky, he escaped with only a few scratches
> *il a eu de la chance, il s'en est sorti avec seulement quelques égratignures*
>
> my car is *(Br)* a write-off ou *(Am)* totaled
> *ma voiture est bonne pour la casse*
>
> the family will be given compensation
> *la famille sera dédommagée*

Remarque :

★ Notez que lorsqu'il a le sens de "dégât", le mot damage est indénombrable :

the accident did little damage
l'accident a causé peu de dégâts

Il prend un sens différent au pluriel ; il signifie alors "dommages et intérêts" :

he had to pay damages after the accident
il a dû payer des dommages et intérêts après l'accident

Voir aussi chapitres :

- 6 **LA SANTÉ, LES MALADIES ET LES INFIRMITÉS**
- 27 **SUR LA ROUTE**
- 30 **QUEL TEMPS FAIT-IL ?**
- 54 **LES CATASTROPHES**

54 Disasters
Les catastrophes

to attack	attaquer
to defend	défendre
to starve	mourir de faim
to collapse	s'effondrer, s'écrouler
to erupt	entrer en éruption
to explode	exploser
to shake	trembler
to burn	brûler
to extinguish	éteindre
to raise the alarm	donner l'alarme
to rescue	sauver
to sink	couler

war la guerre

army	armée (de terre)
navy	marine
air force	armée de l'air
enemy	ennemi
ally	allié
battlefield	champ de bataille
bombing	bombardement
bomb	bombe
terrorist attack	attentat terroriste
nuclear weapons	armement nucléaire
chemical weapons	armes chimiques
biological warfare	guerre bactériologique
weapons of mass destruction	armes de destruction massive
shell	obus
missile	missile
tank	tank, char d'assaut
gun	fusil
machine-gun	mitrailleuse
mine	mine
civilian	civil
refugee	réfugié
soldier	soldat
general	général
colonel	colonel

54 Disasters

captain	*capitaine*
sergeant	*sergent*
major	*commandant*
cruelty	*cruauté*
torture	*torture*
death	*mort*
wound	*blessure*
victim	*victime*
air-raid shelter	*abri antiaérien*
nuclear shelter	*abri antiatomique*
truce	*trêve*
treaty	*traité*
victory	*victoire*
defeat	*défaite*
peace	*paix*

natural disasters les catastrophes naturelles

famine	*famine*
malnutrition	*malnutrition*
lack of	*manque de*
epidemic	*épidémie*
drought	*sécheresse*
tornado	*tornade*
cyclone	*cyclone*
tidal wave	*raz-de-marée*
flooding	*inondation*
earthquake	*tremblement de terre*
volcano	*volcan*
volcanic eruption	*éruption volcanique*
lava	*lave*
avalanche	*avalanche*
relief organization	*organisation d'entraide*
humanitarian aid	*aide humanitaire*
the Red Cross	*la Croix-Rouge*
volunteer	*volontaire, bénévole*
rescue	*sauvetage*
SOS	*SOS*

LES CATASTROPHES 54

fires les incendies

fire	*incendie, feu*
forest fire	*incendie de forêt*
smoke	*fumée*
flames	*flammes*
explosion	*explosion*
fire brigade *(Br)*	*pompiers*
fire department *(Am)*	*pompiers*
firefighter	*pompier*
fireman *(Br)*	*pompier*
fire engine	*voiture de pompiers*
fire truck *(Am)*	*voiture de pompiers*
ladder	*échelle*
hose	*lance*
fire extinguisher	*extincteur*
fire hose	*lance d'incendie*
emergency exit	*sortie de secours*
panic	*panique*
ambulance	*ambulance*
survivor	*survivant*

"fire!"
"au feu !"

France and Great Britain went to war with Germany in 1939
la France et la Grande-Bretagne sont entrés en guerre contre l'Allemagne en 1939

another war has broken out between India and Pakistan
une autre guerre a éclaté entre l'Inde et le Pakistan

the UN wants to prevent the proliferation of chemical weapons
l'ONU veut empêcher la prolifération des armes chimiques

two volcanoes erupted last year in Japan
deux volcans sont entrés en éruption l'année dernière au Japon

the firemen managed to bring the fire under control
les pompiers ont réussi à maîtriser le feu

Voir aussi chapitre :

53 LES ACCIDENTS

55 Crimes
Les crimes

to steal	voler
to burgle *(Br)*	cambrioler
to burglarize *(Am)*	cambrioler
to break in	entrer par effraction
to threaten	menacer
to murder	assassiner
to assassinate	assassiner (personnalité politique)
to kill	tuer
to stab	poignarder
to strangle	étrangler
to shoot	abattre
to poison	empoisonner
to attack	attaquer, agresser
to assault	attaquer, agresser
to mug *(Fam)*	agresser
to force	forcer
to rape	violer
to kidnap	kidnapper
to abduct	enlever
to hold up	faire un hold-up
to hijack	détourner un avion
to take hostage	prendre en otage
to set fire to	mettre le feu à
to blackmail	faire chanter
to defraud	frauder, escroquer
to swindle	escroquer
to embezzle	escroquer, détourner
to smuggle	faire de la contrebande
to drug	droguer
to deal drugs	faire du trafic de drogue (revendre)
to be a prostitute	se prostituer
to spy	espionner
to arrest	arrêter
to handcuff	passer les menottes à
to investigate	enquêter
to lead an investigation	mener une enquête

to question	interroger
to interrogate	interroger
to charge	inculper
to search	fouiller
to beat up	passer à tabac
to surround	cerner
to seal off	interdire l'accès de, boucler (une rue, etc.)
to rescue	sauver
to defend	défendre
to prosecute	poursuivre en justice
to accuse	accuser
to try	juger
to prove	prouver
to sentence	condamner
to imprison	emprisonner
to lock up	mettre sous les verrous
to convict	déclarer coupable
to acquit	acquitter
to release	libérer
to be released ou remanded on bail	être libéré sous caution
to be remanded in custody	être placé en détention préventive
guilty	coupable
innocent	innocent

crime le crime

theft	vol
burglary	cambriolage
break-in	effraction
murder	meurtre, homicide
assassination	assassinat (personnalité politique)
attack	attaque, agression
assault	attaque, agression
mugging (Fam)	agression
rape	viol
kidnapping	kidnapping
abduction	enlèvement
armed attack	attaque à main armée
hold-up	hold-up
hijacking	détournement d'avion
arson	incendie criminel
blackmail	chantage
fraud	escroquerie

55 CRIMES

smuggling	*contrebande*
confidence trick	*abus de confiance*
drug trafficking	*trafic de drogue (organisation)*
drug dealing	*trafic de drogue (revente)*
prostitution	*prostitution*
spying	*espionnage*
terrorism	*terrorisme*
thief	*voleur (-euse)*
burglar	*cambrioleur (-euse)*
killer	*tueur (-euse)*
murderer	*meurtrier (-ère), assassin*
assassin	*assassin*
attacker	*attaquant(e), agresseur*
assailant	*assaillant(e), agresseur*
mugger *(Fam)*	*agresseur*
rapist	*violeur*
hijacker	*pirate de l'air*
kidnapper	*kidnappeur (-euse)*
arsonist	*incendiaire*
blackmailer	*maître chanteur*
fraudster *(Br)*	*fraudeur (-euse)*
smuggler	*contrebandier (-ère)*
drug trafficker	*trafiquant(e) de drogue*
drug dealer	*trafiquant(e) de drogue (revendeur), dealer*
pimp *(Fam)*	*maquereau, mac*
prostitute	*prostituée*
spy	*espion(ne)*
terrorist	*terroriste*
victim	*victime*
hostage	*otage*

weapons les armes du crime

gun	*revolver, fusil, pistolet*
pistol	*pistolet*
handgun	*revolver, pistolet*
rifle	*fusil*
revolver	*revolver*
knife	*couteau*
dagger	*poignard*
poison	*poison*
punch	*coup de poing*
knuckle-duster	*coup-de-poing américain*

Les crimes 55

police la police

policeman	*agent (de police), policier*
policewoman	*femme policier*
police officer	*agent (de police)*
riot policeman	*CRS*
constable *(Br)*	*agent (de police)*
sergeant	*brigadier*
inspector *(Br)*	*inspecteur*
lieutenant *(Am)*	*inspecteur*
captain *(Am)*	*commissaire*
chief superintendent *(Br)*	*commissaire principal*
chief *(Am)*	*commissaire principal*
detective	*détective*
plain-clothes policeman	*policier en civil*
uniformed policeman	*policier en uniforme*
detective	*détective*
police force	*police*
mounted police	*police montée*
police station	*commissariat, gendarmerie, poste de police*
report	*constat*
investigation	*enquête, recherches*
inquiry	*enquête*
clue	*indice*
lead	*indice, piste*
police dog	*chien policier*
sniffer dog	*chien policier (dressé pour le dépistage de la drogue ou des explosifs)*
informer	*indicateur*
truncheon *(Br)*	*matraque*
billy (club) *(Am)*	*matraque*
handcuffs	*menottes*
helmet	*casque*
shield	*bouclier*
tear gas	*gaz lacrymogène*
police car	*voiture de police*
police van	*fourgon de police*
cell	*cellule*

the judicial system le système judiciaire

case	*procès, affaire*
trial	*procès*

55 Crimes

accused	*accusé*
victim	*victime*
evidence	*preuves*
witness	*témoin*
lawyer	*avocat*
judge	*juge*
juror	*juré*
jury	*jurés, jury*
prosecution	*ministère public, accusation*
defence, *(Am)* defense	*défense*
sentence	*condamnation*
reprieve	*sursis*
suspended sentence	*peine avec sursis*
reduced sentence	*remise de peine*
fine	*amende*
probation	*liberté surveillée*
imprisonment	*réclusion, emprisonnement*
prison	*prison*
bail	*caution*
remand	*détention préventive*
life sentence	*prison à vie*
death sentence	*peine de mort*
electric chair	*chaise électrique*
hanging	*mort par pendaison*
miscarriage of justice	*erreur judiciaire*

---

he embezzled money from us
il nous a escroqué de l'argent

they were swindled out of all their savings
on leur a escroqué toutes leurs économies

he was handcuffed
on lui a passé les menottes

he was sentenced to 20 years' imprisonment
il a été condamné à 20 ans de prison

the police are investigating ø this case
la police mène l'enquête sur cette affaire

LES CRIMES 55

Remarque :

- **Police** est un nom pluriel même s'il ne porte jamais la marque du pluriel. Il signifie "la police" ou "les policiers" :

  the police are on their way
  la police arrive

  18 police were injured (= 18 policemen)
  18 policiers ont été blessés

  Mais il peut parfois être accompagné d'un article indéfini, s'il est qualifié par un adjectif, par une proposition relative, etc. :

  this country used to have a semi-military police (= police force)
  autrefois, ce pays avait une police semi-militaire

- Le nom collectif **jury** est suivi du pluriel lorsque l'on veut insister sur les membres qui composent le jury. Comparez :

  the jury is one of the safeguards of our legal system
  le jury est garant de notre système législatif

  the jury have returned their verdict
  le jury a rendu son verdict

- Remarquez aussi que le mot **evidence** (*les preuves*) est indénombrable :

  the evidence is against him   a piece of evidence
  les preuves pèsent contre lui   *une preuve*

56 Adventures and Dreams Les aventures et les rêves

to play	jouer
to have fun	s'amuser
to imagine	imaginer
to happen	arriver
to hide	se cacher
to run off/away	se sauver
to escape	s'échapper
to chase	poursuivre
to discover	découvrir
to explore	explorer
to dare	oser
to dress up (as a)	se déguiser (en)
to play truant ou *(Am, Fam)* hookey	faire l'école buissonnière
to play hide-and-seek	jouer à cache-cache
to take to one's heels	prendre ses jambes à son cou
to bewitch	ensorceler
to tell fortunes	dire la bonne aventure
to foretell	prophétiser, prédire
to dream	rêver
to daydream	rêvasser
to have a dream	faire un rêve
to have a nightmare	faire un cauchemar

adventures les aventures

adventure	aventure
misadventure	mésaventure
game	jeu
playground	terrain de jeux
journey	voyage
escape	fuite, évasion
disguise	déguisement
unknown	inconnu
event	événement

LES AVENTURES ET LES RÊVES 56

discovery	*découverte*
chance	*hasard*
luck	*chance*
ill-luck	*malchance*
danger	*danger*
risk	*risque*
hiding place	*cachette*
cave	*grotte*
island	*île*
treasure	*trésor*
courage	*courage*
recklessness	*témérité*
cowardice	*lâcheté*

fairytales and legends — les contes de fées et les légendes

wizard	*sorcier*
witch	*sorcière*
magician	*magicien(ne)*
fairy	*fée*
sorcerer	*enchanteur*
genie	*génie*
prophet	*prophète*
gnome	*gnome*
imp	*lutin*
goblin	*lutin*
dwarf	*nain*
giant	*géant*
ogre	*ogre*
ghost	*fantôme, revenant*
skeleton	*squelette*
vampire	*vampire*
dragon	*dragon*
werewolf	*loup-garou*
monster	*monstre*
alien	*extraterrestre*
owl	*hibou*
toad	*crapaud*
black cat	*chat noir*
haunted house	*maison hantée*
cemetery	*cimetière*
spaceship	*vaisseau spatial*
UFO	*ovni*
universe	*univers*

56 Adventures and Dreams

magic	*magie*
magic potion	*potion magique*
magic spell	*sortilège*
superstition	*superstition*
magic wand	*baguette magique*
magic lantern	*lanterne magique*
flying carpet	*tapis volant*
broomstick	*balai*
crystal ball	*boule de cristal*
tarot	*tarot*
full moon	*pleine lune*

dreams les rêves

dream	*rêve*
daydream	*rêverie*
nightmare	*cauchemar*
imagination	*imagination*
subconscious	*inconscient*
hallucination	*hallucination*
waking up	*réveil*

> I had a nice dream/horrible nightmare
> *j'ai fait un beau rêve/affreux cauchemar*
>
> do you know what happened to me yesterday?
> *sais-tu ce qui m'est arrivé hier ?*
>
> you let your imagination run away with you
> *tu as trop d'imagination*

57 THE TIME L'HEURE

things that tell the time — les objets indiquant l'heure

watch	*montre*
digital watch	*montre digitale*
clock	*pendule, horloge*
alarm clock	*réveil*
stopwatch	*chronomètre*
speaking clock	*horloge parlante*
time switch	*minuterie*
timer	*minuteur*
clock tower	*clocher*
bell	*cloche, sonnette*
sundial	*cadran solaire*
egg-timer	*sablier*
hands of a watch	*aiguilles d'une montre*
minute hand	*petite aiguille*
hour hand	*grande aiguille*
second hand	*trotteuse*
time zone	*fuseau horaire*
Greenwich Mean Time (GMT)	*heure (du méridien) de Greenwich*
British Summer Time *(Br)*	*heure d'été*
Daylight (Saving) Time *(Am)*	*heure d'été*

what time is it? — quelle heure est-il ?

one o'clock	*une heure*
eight a.m.	*huit heures du matin*
eight o'clock in the morning	*huit heures du matin*
five (minutes) past eight *(Br)*	*huit heures cinq*
five (minutes) after eight *(Am)*	*huit heures cinq*
a quarter past eight *(Br)*	*huit heures et quart*
a quarter after eight *(Am)*	*huit heures et quart*
ten thirty	*dix heures trente*
half past ten	*dix heures et demie*
twenty to eleven	*onze heures moins vingt*

57 THE TIME

twenty before eleven *(Am)*	onze heures moins vingt
a quarter to eleven	onze heures moins le quart
a quarter before eleven *(Am)*	onze heures moins le quart
twelve fifteen	douze heures quinze
a quarter past twelve *(Br)*	midi et quart/minuit et quart
a quarter after twelve *(Am)*	midi et quart/minuit et quart
two p.m.	deux heures de l'après-midi, quatorze heures
two o'clock in the afternoon	deux heures de l'après-midi
two thirty p.m.	quatorze heures trente
ten p.m.	dix heures du soir, vingt-deux heures
ten o'clock in the evening	dix heures du soir

divisions of time la division du temps

time	temps, heure
moment	moment, instant
second	seconde
minute	minute
quarter of an hour	quart d'heure
half an hour	demi-heure
three quarters of an hour	trois quarts d'heure
hour	heure
an hour and a half	une heure et demie
day	jour, journée
sunrise	lever du soleil
morning	matin, matinée
midday	midi
noon	midi
afternoon	après-midi
evening	soir, soirée
sunset	coucher du soleil
night	nuit
midnight	minuit

being late/on time être en retard/à l'heure

to leave on time	partir à l'heure
to be early	être en avance
to be ahead of schedule	avoir de l'avance
to be on time	être à l'heure
to arrive on time	arriver à l'heure
to be late	être en retard

L'HEURE 57

to be behind schedule	*avoir du retard*
to hurry (up)	*se dépêcher*
to be in a hurry	*être pressé*

when?  quand ?

when	*quand, lorsque*
before	*avant (que)*
after	*après (que)*
during	*pendant*
early	*tôt*
late	*tard*
now	*maintenant*
at the moment	*en ce moment*
straight away	*tout de suite*
immediately	*immédiatement*
already	*déjà*
presently	*tout à l'heure, bientôt*
a short while ago	*tout à l'heure (passé)*
suddenly	*soudain*
soon	*bientôt*
first	*d'abord*
then	*ensuite, puis, alors*
finally	*enfin*
at that time	*à ce moment-là*
recently	*récemment*
since	*depuis (que)*
while	*pendant que*
meanwhile	*entre-temps*
for a long time	*longtemps*
a long time ago	*il y a longtemps*
always	*toujours*
never	*jamais*
often	*souvent*
sometimes	*parfois*
from time to time	*de temps en temps*
rarely	*rarement*

57 THE TIME

what time is it?
quelle heure est-il ?

do you have the (exact) time?
avez-vous l'heure (exacte) ?

what time do you (Br) make it ou (Am) have?
quelle heure avez-vous ?

at three o'clock on the dot
à trois heures tapantes

it's two o'clock (exactly)
il est deux heures (pile)

be there at two o'clock sharp
sois là à deux heures pile

it's about two o'clock
il est deux heures environ

he came at around two
il est venu vers quatorze heures

what time does the train leave?
à quelle heure part le train ?

at five in the morning
à cinq heures du matin

I've set my watch to the right time
j'ai mis ma montre à l'heure

my watch is fast/slow
ma montre avance/retarde

it's 12 (o'clock)/midnight
il est minuit

it's 12 (o'clock)/noon/12 noon/midday
il est midi

there's a three-hour time difference between the two countries
il y a trois heures de décalage entre les deux pays

Remarque :

★ Attention à l'emploi de on time (*à l'heure*) et de in time (*à temps*). In time est généralement suivi d'une proposition infinitive (in time to do something) ou nominale (in time for something) :

I arrived in time
je suis arrivé à l'heure

is the bus on time?
est-ce que le bus est à l'heure ?

you're just in time to greet our guests
tu arrives juste à temps pour accueillir nos invités

I'll be back in time for the film
je serai de retour à temps pour le film

Remarquez toutefois l'expression in good time :

let me know in (good) time
prévenez-moi (bien) à l'avance

L'HEURE 57

★ Les expressions du type "quinze heures" (à la place de "trois heures") ne s'emploient pas en anglais de tous les jours. Cependant, on les rencontre parfois dans les horaires et dans le langage militaire (souvent suivis de hours) :

fifteen hundred hours	*quinze heures*
fifteen thirty hours	*quinze heures trente*
'o' five hundred hours	*cinq heures du matin*

L'emploi de 'o', pour désigner le zéro devant le chiffre, est uniquement militaire. Dans les horaires, on emploiera simplement five hundred hours.

Pour les moyens de transport, on peut aussi dire :

we took the sixteen-twenty to Brighton
nous avons pris le train de 16 h 20 pour Brighton

58 THE WEEK
LA SEMAINE

Monday	*lundi*
Tuesday	*mardi*
Wednesday	*mercredi*
Thursday	*jeudi*
Friday	*vendredi*
Saturday	*samedi*
Sunday	*dimanche*
day	*jour, journée*
week	*semaine, huit jours*
weekend	*week-end*
fortnight *(Br)*	*quinze jours*
today	*aujourd'hui*
tomorrow	*demain*
the day after tomorrow	*après-demain*
yesterday	*hier*
the day before yesterday	*avant-hier*
the day before	*la veille*
the day after	*le lendemain*
two days later	*le surlendemain*
this week	*cette semaine*
next week	*la semaine prochaine*
last week	*la semaine dernière*
last Monday	*lundi dernier*
next Monday	*lundi prochain*
in a week's time	*dans une semaine*
a week today	*aujourd'hui en huit*
in two weeks' time	*dans deux semaines*
Thursday week	*jeudi en huit*
a week from ou *(Br)* on Thursday	*jeudi en huit*
yesterday morning	*hier matin*
yesterday evening	*hier soir*
last night	*hier soir, la nuit dernière, cette nuit*
this evening	*ce soir*
tonight	*ce soir, cette nuit*
tomorrow morning	*demain matin*
tomorrow evening	*demain soir*
three days ago	*il y a trois jours*

LA SEMAINE 58

on Thursday I went to the swimming pool
jeudi, je suis allé à la piscine

on Thursday**s** I go to the swimming pool
le jeudi, je vais à la piscine

I go to the swimming pool **every Thursday**
je vais à la piscine tous les jeudis

he comes to see me **every day**
il vient me voir tous les jours

at the weekend
le week-end

see you **on** Monday
à lundi

see you next week!
à la semaine prochaine !

see you tomorrow!
à demain !

Remarque :

★ Les jours de la semaine prennent une majuscule en anglais, contrairement au français.

★ Les expressions de temps avec **next** et **last** ne sont pas toujours précédés de **the**. Si elles sont envisagées par rapport au présent, on n'emploie normalement pas l'article :

can we meet ø **next week**?
est-ce qu'on peut se voir la semaine prochaine ?

he was drunk ø **last night**
il était soûl hier soir/la nuit dernière

Dans les autres cas, on emploie l'article :

we arrived on 31 March and **the next day** was spent relaxing by the pool
nous sommes arrivés le 31 mars et on a passé le jour suivant à se relaxer près de la piscine

59 THE YEAR
L'ANNÉE

the months of the year — les mois de l'année

January	*janvier*
February	*février*
March	*mars*
April	*avril*
May	*mai*
June	*juin*
July	*juillet*
August	*août*
September	*septembre*
October	*octobre*
November	*novembre*
December	*décembre*
month	*mois*
quarter	*trimestre*
year	*an, année*
decade	*décennie*
century	*siècle*

the seasons — les saisons

spring	*printemps*
summer	*été*
autumn	*automne*
fall *(Am)*	*automne*
winter	*hiver*

festivals — les jours de fête

public holiday	*jour férié*
Christmas	*Noël*
New Year's Eve	*la Saint-Sylvestre*
New Year's Day	*jour de l'An*
Shrove Tuesday	*mardi gras*
Ash Wednesday	*mercredi des Cendres*

L'ANNÉE 59

Good Friday	*vendredi saint*
Easter	*Pâques*
Easter Monday	*lundi de Pâques*
Whitsun *(Br)*	*Pentecôte*
St Valentine's Day	*la Saint-Valentin*
April Fools' Day	*premier avril*

my birthday is in February
mon anniversaire est en février

it rains a lot in March
il pleut beaucoup au mois de mars

ø summer is my favourite season
l'été est ma saison préférée

he needs the summer to recover
il a besoin de l'été pour récupérer

ø spring is here!
le printemps est là !

in winter I go skiing
en hiver je fais du ski

most leaves turn yellow in (the) autumn ou *(Am)* in the fall
la plupart des feuilles deviennent jaunes en automne

Remarque :

★ Tout comme les jours de la semaine, les mois prennent une majuscule en anglais.

Voir aussi chapitres :

57 L'HEURE
58 LA SEMAINE
60 LA DATE

60 THE DATE
LA DATE

to date (from)	*dater (de)*
to last	*durer*
the present	*le présent*
the past	*le passé*
the future	*l'avenir*
history	*histoire*
prehistory	*préhistoire*
antiquity	*antiquité*
the Middle Ages	*le Moyen Âge*
the Renaissance	*la Renaissance*
the Age of Enlightenment ou Reason	*le Siècle des lumières*
the French Revolution	*la Révolution française*
the Industrial Revolution	*la révolution industrielle*
the twenty-first century	*le vingt et unième siècle*
date	*date*
day	*jour*
month	*mois*
week	*semaine*
year	*an, année*
decade	*décennie*
century	*siècle*
millennium	*millénaire*
present	*actuel, présent*
current	*actuel*
modern	*moderne*
past	*passé*
future	*futur*
daily	*quotidien, journalier*
weekly	*hebdomadaire*
monthly	*mensuel*
yearly	*annuel*
annual	*annuel*
in the past	*autrefois*
in times past	*jadis*
formerly	*naguère*
for a long time	*longtemps*
never	*jamais*

LA DATE 60

always	*toujours*
sometimes	*parfois*
when	*quand, lorsque*
since	*depuis (que)*
until	*jusqu'à*
again	*encore (une fois)*
still	*encore, toujours*
at that time	*à cette époque(-là)*
BC	*avant J.-C.*
AD	*après J.-C.*
at the beginning of the century	*au début du siècle*
in the middle of the century	*au milieu du siècle*
at the end of the century	*à la fin du siècle*

> what date is it today?
> *quel jour* ou *le combien sommes-nous aujourd'hui ?*
>
> it's Tuesday, *(Br)* the first of May ou *(Am)* May first
> *on est mardi 1er mai*
>
> it's the fifteenth of August
> *nous sommes le 15 août*
>
> he'll be back on the sixteenth of July
> *il reviendra le 16 juillet*
>
> when is your birthday?
> *quelle est la date de ton anniversaire ?*
>
> he left a year ago/in 2002
> *il est parti il y a un an/en 2002*
>
> once upon a time, there was...
> *il était une fois...*

Remarque :

★ Remarquez qu'on emploie souvent les nombres ordinaux pour les dates en anglais (même si les nombres cardinaux peuvent également s'utiliser) :

I wrote to you on 3rd March (qui se dit on the third of March)
je vous ai écrit le 3 mars

La date peut s'écrire de différentes manières : 12(th) May ou May 12(th)

En anglais américain, on omet pratiquement tout le temps le the à l'oral quand on commence par le mois ; May 12 se dit May twelfth/May twelve.

60 THE DATE

En anglais britannique, on écrit les dates en mettant le jour en premier (comme en français), alors que c'est l'inverse en anglais américain :

10/4/03 = 10th April 2003, anglais britannique
4/10/03 = 10th April 2003, anglais américain (10/4/03 = 4th October 2003 en américain)

★ Pour lire les années, on sépare les deux premiers chiffres des deux derniers : 1945 (19|45) = nineteen forty-five (littéralement "dix-neuf, quarante-cinq"). L'emploi de hundred est possible, mais plus rare ; il s'utilisera dans un style très soutenu : 1945 = nineteen hundred and forty-five (dix-neuf cent quarante-cinq).

★ Faux ami : actual a le sens de "réel", "véritable". Pour traduire "actuel", on emploiera present ou current :

take an actual example
prends un exemple concret

take a current example
prends un exemple actuel

Voir aussi chapitres :

- 57 **L'HEURE**
- 58 **LA SEMAINE**
- 59 **L'ANNÉE**
- 61 **LES NOMBRES**

61 Numbers
Les nombres

zero, *(Br)* nought	*zéro*
one	*un*
two	*deux*
three	*trois*
four	*quatre*
five	*cinq*
six	*six*
seven	*sept*
eight	*huit*
nine	*neuf*
ten	*dix*
eleven	*onze*
twelve	*douze*
thirteen	*treize*
fourteen	*quatorze*
fifteen	*quinze*
sixteen	*seize*
seventeen	*dix-sept*
eighteen	*dix-huit*
nineteen	*dix-neuf*
twenty	*vingt*
twenty-one	*vingt et un*
twenty-two	*vingt-deux*
thirty	*trente*
forty	*quarante*
fifty	*cinquante*
sixty	*soixante*
seventy	*soixante-dix*
seventy-one	*soixante et onze*
seventy-two	*soixante-douze*
eighty	*quatre-vingts*
eighty-one	*quatre-vingt-un*
ninety	*quatre-vingt-dix*
ninety-one	*quatre-vingt-onze*
a/one hundred	*cent*
a/one hundred and one	*cent un*
a/one hundred and sixty-two	*cent soixante-deux*
two hundred	*deux cents*
two hundred and two	*deux cent deux*
a/one thousand	*mille*

61 Numbers

nineteen ninety	*mille neuf cent quatre-vingt-dix*
two thousand	*deux mille*
ten thousand	*dix mille*
a/one hundred thousand	*cent mille*
a/one million	*un million*
a/one billion	*un milliard*
first	*premier*
second	*deuxième*
third	*troisième*
fourth	*quatrième*
fifth	*cinquième*
sixth	*sixième*
seventh	*septième*
eighth	*huitième*
ninth	*neuvième*
tenth	*dixième*
eleventh	*onzième*
twelfth	*douzième*
thirteenth	*treizième*
fourteenth	*quatorzième*
fifteenth	*quinzième*
sixteenth	*seizième*
seventeenth	*dix-septième*
eighteenth	*dix-huitième*
nineteenth	*dix-neuvième*
twentieth	*vingtième*
twenty-first	*vingt et unième*
twenty-second	*vingt-deuxième*
thirtieth	*trentième*
fortieth	*quarantième*
fiftieth	*cinquantième*
sixtieth	*soixantième*
seventieth	*soixante-dixième*
seventy-first	*soixante et onzième*
eightieth	*quatre-vingtième*
eighty-first	*quatre-vingt-unième*
ninetieth	*quatre-vingt-dixième*
ninety-first	*quatre-vingt-onzième*
hundredth	*centième*
hundred and twentieth	*cent vingtième*
two hundredth	*deux centième*
thousandth	*millième*
two thousandth	*deux millième*
figure	*chiffre*
number	*nombre, numéro*

LES NOMBRES

a/one hundred/thousand
cent/mille livres

one million euros
un million d'euros

two point three (2.3)
deux virgule trois (2,3)

5,359
5 359

fifty per cent
cinquante pour cent

Henry VIII (the Eighth)
Henri VIII

John Paul II (the Second)
Jean-Paul II

twenty plus three equals twenty-three
vingt plus trois égale vingt-trois

twenty minus three equals seventeen
vingt moins trois égale dix-sept

twenty multiplied by four equals eighty
vingt multiplié par quatre égale quatre-vingts

twenty divided by four equals five
vingt divisé par quatre égale cinq

62 QUANTITIES
LES QUANTITÉS

to calculate	*calculer*
to count	*compter*
to weigh	*peser*
to measure	*mesurer*
to share	*partager*
to divide	*diviser*
to distribute	*distribuer*
to share out	*répartir*
to fill	*remplir*
to empty	*vider*
to remove	*enlever*
to lessen	*diminuer*
to reduce	*réduire*
to increase	*augmenter*
to add	*ajouter*
to be enough	*suffire*
nothing	*rien*
everything	*tout*
all the...	*tout le/toute la... tous/toutes les...*
the whole...	*tout le/toute la...*
something	*quelque chose*
some	*du, de la, des, quelques, quelques-un(e)s, un peu de*
several	*plusieurs*
each	*chaque*
every	*chaque, tous/toutes les*
everybody, everyone	*chacun(e), tous, tout le monde*
little	*peu de (+ indénombrable)*
a little	*un peu*
a little bit of	*un (petit) peu de*
few	*peu de (+ dénombrable)*
a few	*quelques-un(e)s*
a lot (of), *(Fam)* lots (of)	*beaucoup (de)*
much	*beaucoup de (+ indénombrable)*
many	*beaucoup de (+ dénombrable)*
no...	*pas de..., aucun...*
no more	*plus de*
more	*plus (de)*
less	*moins (de)*

LES QUANTITÉS 62

most	*la plupart (de)*
enough	*assez (de), suffisant*
too much	*trop (de)*
about	*environ, à peu près*
more or less	*plus ou moins*
scarcely	*à peine*
just	*tout juste*
absolutely	*tout à fait*
at the most	*tout au plus*
only	*seulement*
at least	*au moins, du moins*
half (of)	*la moitié (de)*
a quarter (of)	*un quart (de)*
a third (of)	*un tiers (de)*
...and a half	*...et demi(e)*
one and a half	*un(e) et demi(e)*
two-thirds	*deux tiers*
three-quarters	*trois quarts*
the whole	*le tout*
rare	*rare*
numerous	*nombreux*
equal	*égal*
extra	*supplémentaire*
full	*plein*
empty	*vide*
single	*seul, unique*
double	*double*
treble	*triple*
a heap (of)	*un tas (de)*
a stack (of)	*une pile (de)*
a piece (of)	*un morceau (de)*
a slice (of)	*une tranche (de)*
a glass (of)	*un verre (de)*
a plate (of)	*une assiette (de)*
a box (of)	*une boîte (de)*
a tin (of) *(Br)*	*une boîte (de) (conserve, etc.)*
a packet (of) *(Br)*	*un paquet (de)*
a mouthful (of)	*une bouchée/gorgée (de)*
a spoonful (of)	*une cuillerée (de)*
a handful (of)	*une poignée (de)*
a pair (of)	*une paire (de)*
a large number of	*un grand nombre de*
masses of	*une foule de*
a crowd (of)	*une foule (de) (gens)*

62 QUANTITIES

a part (of)	*une partie (de)*
a dozen	*une douzaine (de)*
half a dozen	*une demi-douzaine (de)*
a score (of)	*une vingtaine (de)*
a gross (of)	*une grosse (de), douze douzaines (de)*
hundreds	*des centaines*
thousands	*des milliers*
the rest (of)	*le reste (de)*

weights and measurements — les poids et les mesures

ounce	*once, ≈ 30 g*
gram(me)	*gramme*
pound	*livre, ≈ 0,5 kg*
kilo	*kilo*
stone *(Br)*	*≈ 6,5 kg*
ton	*tonne*
litre	*litre*
pint	*pinte, ≈ 0,5 l*
gallon	*gallon, (Br) ≈ 4,5 l, (Am) ≈ 3,8 l*
inch	*pouce, ≈ 2,5 cm*
foot	*pied, ≈ 30 cm*
centimetre	*centimètre*
yard	*yard, ≈ 90 cm*
metre	*mètre*
kilometre	*kilomètre*
mile	*mile, ≈ 1,6 km*

---

there isn't much money left
il ne reste pas beaucoup d'argent

there were many of them
il y en avait beaucoup

we spent much of the time arguing
on a passé la plupart du temps à se disputer

she got cards from all her many admirers
elle a reçu des cartes de ses nombreux admirateurs

she needs a little attention
elle a besoin d'un peu d'attention

she needs little attention
elle a besoin de peu d'attention

they have a few paintings
ils ont quelques tableaux

they have few paintings
ils ont peu de tableaux

LES QUANTITÉS 62

Remarque :

★ **Hundred** (*cent*), **thousand** (*mille*), **million**, **dozen** (*douzaine*), **score** (*vingt*) et **gross** (*douze douzaines*) n'ont pas de pluriel en **-s** lorsqu'ils sont précédés d'un autre adjectif numéral. Par ailleurs, remarquez la différence de construction avec le français pour "million", "milliard" et "douzaine" :

five hundred/thousand/million people
cinq cents personnes/cinq mille personnes/cinq millions de personnes

two dozen eggs
deux douzaines d'œufs

we'll order **three gross**
nous en commanderons trente-six douzaines

Mais ils s'accordent dans les cas suivants :

there were **hundreds/thousands/millions of** them
il y en avait des centaines/milliers/millions

I've told you **dozens of** times
je te l'ai dit des dizaines de fois

Peter and Kate have **scores of** friends
Peter et Kate ont des tas d'amis

★ Les unités de mesure **foot** et **pound** peuvent se mettre soit au pluriel, soit au singulier :

Kate is five **foot/feet** eight
Kate mesure un mètre soixante-douze

that comes to three **pound(s)** fifty
ça fait trois livres cinquante/un kilo soixante-quinze

63 Describing Things
La description des choses

size	grandeur, taille
width	largeur
breadth	largeur
height	hauteur
depth	profondeur
beauty	beauté
ugliness	laideur
appearance	aspect
shape	forme
quality	qualité
tall	grand, haut
big	grand, gros
small	petit
little	petit
enormous	énorme
huge	énorme, immense
tiny	minuscule
microscopic	microscopique
wide	large
broad	large
narrow	étroit
thick	épais
large	gros, grand, important
fat	gros, gras
thin	mince, maigre
slim	mince
flat	plat
deep	profond
shallow	peu profond
long	long
short	court
high	haut
low	bas
lovely	beau
beautiful	beau, magnifique

LA DESCRIPTION DES CHOSES

good	*bon*
better	*meilleur*
the best	*le meilleur*
pretty	*joli*
cute	*mignon*
marvellous	*merveilleux*
magnificent	*magnifique*
imposing	*grandiose, imposant*
superb	*superbe*
fantastic	*fantastique*
extraordinary	*extraordinaire*
excellent	*excellent*
perfect	*parfait*
ugly	*laid*
bad	*mauvais*
mediocre	*médiocre*
worse	*pire*
the worst	*le pire*
appalling	*épouvantable*
dreadful	*affreux*
atrocious	*atroce*
defective	*défectueux*
light	*léger*
heavy	*lourd*
hard	*dur*
firm	*ferme*
shiny	*brillant*
solid	*solide*
sturdy	*robuste, solide*
soft	*mou, doux*
delicate	*délicat*
fine	*fin*
smooth	*lisse*
hot	*(très) chaud*
warm	*chaud*
cold	*froid*
fresh	*frais*
cool	*frais (température)*
lukewarm	*tiède*
dry	*sec*
wet	*mouillé*
damp	*humide*
moist	*humide, moite*
liquid	*liquide*

63 Describing Things

simple	*simple*
complicated	*compliqué*
difficult	*difficile*
easy	*facile*
handy	*pratique*
useful	*utile*
useless	*inutile*
old	*vieux*
ancient	*ancien*
new	*neuf, nouveau*
modern	*moderne*
out-of-date	*démodé*
up-to-date	*moderne*
worn-out	*usé*
clean	*propre*
dirty	*sale*
disgusting	*dégoûtant*
curved	*courbe*
straight	*droit*
round	*rond*
circular	*circulaire*
oval	*ovale*
rectangular	*rectangulaire*
square	*carré*
triangular	*triangulaire*
very	*très*
too	*trop*
rather	*plutôt*
quite	*assez*
well	*bien*
badly	*mal*
better	*mieux*
the best	*le mieux*

> what's it like?
> *c'est comment ?*
>
> their house is a bit like ours
> *leur maison est un peu comme la nôtre*

LA DESCRIPTION DES CHOSES 63

5 cm wide
large de 5 cm

10 m high
haut de 10 m

the boards are 20 cm thick
les planches font 20 cm d'épaisseur

in the shallow waters
dans les eaux peu profondes

Remarque :

★ Faux ami : large signifie en général "gros" ou "grand". Pour traduire "large", on emploiera les adjectifs wide ou broad.

Par ailleurs, le mot anglais important ne s'emploie jamais dans un sens quantitatif. Il s'utilise uniquement pour décrire la valeur qualitative de quelque chose. Pour traduire le sens quantitatif du mot français "important", on emploiera l'adjectif large. Par exemple :

a large number of pupils
un grand nombre d'élèves

a large amount of money
une somme d'argent importante

64 Colours
Les couleurs

colour, *(Am)* color	couleur
beige	beige
black	noir
blue	bleu
brown	brun, marron
flesh-coloured, *(Am)* flesh-colored	chair
gold	or
golden	doré
green	vert
grey, *(Am)* gray	gris
lilac	lilas
mauve	mauve
navy (blue)	bleu marine
orange	orange
pink	rose
purple	violet, pourpre
red	rouge
silver	argenté
turquoise	turquoise
violet	violet
white	blanc
yellow	jaune
dark	sombre
bright	vif
pale	pâle
plain	uni
multicoloured, *(Am)* multicolored	multicolore
light	clair
dark	foncé
light green	vert clair
dark green	vert foncé

LES COULEURS 64

what colour is it?
c'est de quelle couleur ?

it's sky blue
c'est bleu ciel

it's redd**ish**/green**ish**
c'est rougeâtre/verdâtre

judging by the yellow**ness** of her skin
à en juger par son teint jaune

Remarque :

★ En anglais, on omet l'article devant les noms de couleurs :

ø blue is his favourite colour
le bleu est sa couleur préférée

65 MATERIALS
LES MATIÈRES

real	*véritable*
natural	*naturel*
synthetic	*synthétique*
artificial	*artificiel*
man-made	*synthétique*
material	*matière, tissu*
composition	*composition*
substance	*substance*
raw material	*matière première*
product	*produit*
earth	*terre*
water	*eau*
air	*air*
fire	*feu*
stone	*pierre*
rock	*roche*
ore	*minerai*
mineral	*minéral*
precious stones	*pierres précieuses*
crystal	*cristal*
marble	*marbre*
granite	*granit*
diamond	*diamant*
clay	*argile*
oil	*pétrole*
gas	*gaz*
metal	*métal*
aluminium, *(Am)* aluminum	*aluminium*
bronze	*bronze*
copper	*cuivre*
brass	*cuivre (jaune), laiton*
tin	*fer blanc*
pewter	*étain*
iron	*fer*
steel	*acier*
lead	*plomb*

LES MATIÈRES 65

gold	*or*
silver	*argent*
platinum	*platine*
wire	*fil de fer*
wood	*bois*
pine	*pin*
cane	*rotin*
wickerwork	*osier*
straw	*paille*
bamboo	*bambou*
plywood	*contreplaqué*
concrete	*béton*
cement	*ciment*
brick	*brique*
plaster	*plâtre*
putty	*mastic*
glue	*colle*
glass	*verre*
cardboard	*carton*
paper	*papier*
plastic	*plastique*
rubber	*caoutchouc*
earthenware	*poterie, terre cuite*
china	*porcelaine*
stoneware	*(poterie en) grès*
sandstone	*grès*
wax	*cire*
leather	*cuir*
fur	*fourrure*
suede	*daim*
sheepskin	*peau de mouton*
acrylic	*acrylique*
cotton	*coton*
denim	*(toile de) jean*
lace	*dentelle*
wool	*laine*
fleece	*laine polaire*
linen	*lin*
nylon	*Nylon®*
polyester	*polyester*
silk	*soie*
synthetic material	*tissu synthétique*

65 MATERIALS

man-made fibre	*fibre synthétique*
canvas	*toile*
oilcloth	*toile cirée*
tweed	*tweed*
cashmere	*cachemire*
velvet	*velours (épais, pour rideaux, robes, etc.)*
velour(s)	*velours (fin, à l'aspect proche du tissu éponge)*
corduroy, cord	*velours côtelé*

---

the house is made of wood
cette maison est en bois

a wooden spoon
une cuillère en bois

the Stone Age
l'âge de pierre

the Iron Age
l'âge de fer

I need some curtain material
j'ai besoin de tissu pour faire les rideaux

Remarque :

★ Remarquez, là encore, que l'on ne met pas d'article devant les noms de matières en anglais, contrairement au français :

ø concrete is used less nowadays
on utilise moins le béton de nos jours

it's ø china
c'est de la porcelaine

66 Directions
Les directions

to ask	*demander*
to point out	*indiquer*
to show	*montrer*
take	*prenez*
keep going	*continuez*
follow	*suivez*
go past	*passez devant*
go back	*retournez*
reverse	*reculez*
turn right/left	*tournez à droite/à gauche*
take a right/a left *(Am)*	*tournez à droite/à gauche*

directions les directions

left	*la gauche*
right	*la droite*
on/to the left	*à gauche*
on/to the right	*à droite*
straight ahead/on	*tout droit*
where	*où*
in front of	*devant*
behind	*derrière*
on	*sur*
under	*sous*
beside	*à côté de*
opposite	*en face de*
in the middle of	*au milieu de*
along	*le long de*
at the end of	*au bout de*
between	*entre*
after	*après*
just before	*juste avant*
for... metres	*sur... mètres*
first on the right	*première à droite*
second on the left	*deuxième à gauche*

66 Directions

the points of the compass — les points cardinaux

south	*sud*
north	*nord*
east	*est*
west	*ouest*
north-east	*nord-est*
north-west	*nord-ouest*
south-east	*sud-est*
south-west	*sud-ouest*

---

can you tell me the way to the station?
pouvez-vous m'indiquer comment aller à la gare ?

is it far from here?
c'est loin d'ici ?

ten minutes from here
à dix minutes d'ici

100 metres away
à 100 mètres d'ici

to the left of the post office
à gauche de la poste

after the traffic lights
après les feux

at the next crossroads
au prochain carrefour

south of Newcastle
au sud de Newcastle

London is in the south of England
Londres est dans le sud de l'Angleterre

France is to the south of England
la France est au sud de l'Angleterre

INDEX

Les numéros qui figurent dans cet index ne correspondent pas aux numéros de page, mais renvoient aux chapitres où vous pourrez trouver le terme en question, ainsi que tous ceux qui y sont liés.

A
à (*direction*) 44
à (*lieu*) 8, 42
abeille 29
abricot 17
absent 32
absolument 36
accélérer 27
accepter 10
accident 53
accord : d'accord 40
accuser 55
acheter 18, 33
acteur 10
actualité 34
actuel 60
addition 23, 45
admettre 36
adolescent 9
adorer 14
adresse 8, 37
adulte 9, 42
aéroport 26, 43
affaires 10
affiche 25
affranchir 37
âge 9
agité 5
agneau 17, 29
agréable 11, 30
aider 18
ail 17
aimable 11
aimer 14
aîné 31
air 65
air : avoir l'air 1
alarme 54
alcool 34
Allemagne 49
allemand 50, 51
aller 7, 21
aller (*vêtement*) 2
aller : s'en aller 7
aller-retour 42
aller simple 42
allumer 22
allumette 16
alors 57
ambition 10

ambulance 53
amélioration 30
améliorer (s') 30
amende 27, 53
américain 50
Amérique 49
ami(e) 31
amitiés 37
amour 12
amusant 11
amuser (s') 21
an 59
ananas 17
ancien 63
anglais 50, 51
Anglais(e) 50
Angleterre 49
animal 29
année 59
année : Bonne année ! 40
anniversaire 23, 59
annonce 10
annuel 60
annuler 41
antenne 25
apéritif 17
apparaître 7
appareil 18
appareil photo 21
appartement 25
appeler 8, 38
appeler (s') 8
appétit 13
appétit : bon appétit ! 40
apprendre 32, 51
approuver 36
après 57, 66
après-demain 58
après-midi 57
arbitre 20
arbre 28
arc-en-ciel 30
architecte 10
argent (*monnaie*) 33
argent de poche 33
argument 34
arme 55

armes nucléaires 34
armoire 24, 25
arrêt 42
arrêt de bus 44
arrêter (*coupable*) 55
arrêter (*voiture*) 27
arrêter (s') 7, 27, 44
arrivée 42, 44
arriver 7, 44
arriver (*se produire*) 52
article 22
artificiel 65
artiste 10
ascenseur 19, 25, 45
aspirateur 18
asseoir (s') 7
assez 1, 62
assiette 18
assis 7
assurance 27
assuré 53
astucieux 11
atelier 10
athlète 20
Atlantique 49
attaque 55
attaquer 55
attendre 44
attentat 34, 54
attention ! 40, 52
atterrir 43
attraper 49
auberge de jeunesse 45
au-dessus 66
auditeur 22
aujourd'hui 58
autobus 44
autoroute 27
auto-stop 45
autrefois 60
avalanche 30
avant 57
avant-hier 58
avec 36
avenir 10
aventure 56

avenue 26
averse 30
aveugle 6, 13
avion 37, 43
avoir 1

B
bagages 41, 42, 43
bague 2
baignoire 25
bain 15
baisser 7
bal 23
balader (se) 7
balai 18
balayer 18
balcon 25, 45
ballet 23
ballon 20, 47
banane 17
bande dessinée 21
banlieue 26
banque 33
baptiser 8
bar 23
barbe 3
bas (*adjectif*) 63
bas (*nom*) 2
bas : en bas 25
bateau 47
bâtiment 26
batterie 27
battre 20, 21
beau 1, 63
beaucoup 14, 62
beau-fils 31
beau-père 31
beauté 63
bébé 9, 31
belge 50
Belgique 49
belle-fille 31
belle-mère 31
besoin 14
beurre 17
bibliothèque 24, 25, 32
bicyclette 20
bien 63

265

INDEX

bien amicalement 37
bien cuit 17
bien s'entendre 31
bien sûr 36
bientôt 57
bientôt : à bientôt 40
bienvenue 40
bière 17
bijouterie 19
bijoux 2
billet de banque 33
biologie 32
blanc 3, 64
blessé (*adjectif*) 53
blesser 6
bleu 64
blond 3
blouson 2
bœuf 17
boire 17
bois 28, 65
boisson 17, 23
boîte (*discothèque*) 23
boîte à lettres 25, 37
bol 18
bombe 54
bon 11, 63
bonbon 17
bonheur 12
bonjour ! 40
bon marché 19
bonsoir 40
bottes 2
bouche 4
boucher 10
boucherie 19
bouger 7
bougie 23, 25
boulanger 10
boulangerie 19
boutique 19
bouton 1, 2
bras 4
briller 30
briquet 6
britannique 50
brochure 41
bronzer : se faire bronzer 47
brosse 15, 18
brosse à cheveux 3
brosse à dents 15
brouillard 30
bruit 13
brûler (se) 53
brume 30
brun 3, 64
Bruxelles 49
bruyant 13

budget 33
buffet 42
bureau (*office*) 10
bureau (*table*) 24, 25
bureau de poste 37
bus 44
but 20

C
cabas 19
cabine téléphonique 38
cabinet médical 6
cachet 6
cadeau 23
cadre 25
café (*boisson*) 17
café (*restaurant*) 23
cahier 32
caisse 19, 33
calme 11
caméra 21
Caméscope® 21
camion 27
camping 46
Canada 49
canadien 50
canapé 25
canif 46
canne 6
capitale 48, 49
caractère 11
caravane 46
carré 63
carrefour 27
carrière 10
carte 41
carte d'abonnement 44
carte postale 37
cartes 21
cassé 6
casser 52
casser : se casser le bras 6
casserole 18
cassette 25
catastrophe naturelle 34, 54
cathédrale 26
catholique 8
cauchemar 56
cave 25
ceinture 2
ceinture de sécurité 27
célibataire 8
cendrier 16, 25
cent 61
centimètre 62
centre-ville 26
cependant 36
cerise 17

chacun 62
chagrin 12
chaîne 2, 22
chaîne stéréo 25
chaise 24, 25
chaleur 30
chambre 25, 45
champ 28
champignon 17
chance : bonne chance ! 40
changer 30, 33
chanson 21
chant 21
chanter 23
chanteur 10, 22
chapeau 2
chaque 62
charmant 11
chat 29
château 26
chaud 30, 63
chauffage 27
chauffage central 25
chaussettes 2
chaussures 2
cheminée 25
chemins de fer 42
chemise 2
chemisier 2
chèque 19, 33
cher 19
chercher 52
cheval 29
cheveux 1, 3, 4
cheville 4
chien 29
chiffre 61
chimie 32
chips 17, 23
chocolat 17
choisir 14
choix 14
chômage 34
chômeur 10
chorale 21
chou 17
chou-fleur 17
chute 53
cidre 17
ciel 30
cigare 16
cigarette 16
cimetière 26
cinéma 23
circulation 27
citoyen 35
citron 17
clair 13, 64
clandestin 34
classe 32, 42
classe économique 42
clé 25, 45

client 19
climat 30
climatisation 45
clinique 6
clonage 34
clou 21
cochon 29
code postal 8, 37
cœur 4
coffre 27
coiffeur 10
coïncidence 52
col 2
colère 12
colis 37
collants 2
collection 21
collège 32
colline 48
collision 53
colocataire 8
combien 19
comédie 23
comme 14
commencer 7
communisme 35
compagnie 10
comparer 14
compartiment 42
compétition 20
complet 45
complètement 5
comportement 11
composer (*numéro*) 38
composter 42
comprendre 51
comprimé 6
compris 45
compte en banque 33
compter 62
comptoir 19
concert 23
condiments 17
conducteur 10, 27, 44
conduire 27
conduire (se) 11
confiserie 19
confiture 17
congélateur 18
congés 10
connaître 31
connecter (se) 39
conseiller 6
conservateur 35
consigne 42
constat 53
consulat 8
contagieux 6
conte de fées 56
contenu 37
continent 48, 49
continuer 7

INDEX

contraste 14
contrat 10
contre 34
contredire 36
contrôler 41
contrôleur 42, 44
convaincre 36
conversation 36
copain 31
cordonnerie 19
Cornouailles 49
corps 4
correspondance 42
correspondant 37
costume 2
côte 47, 48
côté : à côté de 66
Côte d'Azur 49
coton 65
cou 4
coucher (se) 7, 15
couchette 42
coudre 21
couler 47
couleur 2, 64
couloir 25
coupable 55
coup de soleil 6, 47
coup d'œil 7
couper 3, 18
couper (se) 53
courage 56
couramment 51
courir 7, 20
courrier 37
courrier électronique 39
cours 32
course 20
courses 19
court 2, 3, 63
cousin(e) 31
coussin 25
couteau 18
coûter 19
couture 21
couvert (*adjectif*) 30
couverts 18
couverture 15
craie 32
cravate 2
crayon 37
crayon à papier 32
crédit 33
crémerie 19
cri 12
crier 12, 36
crime 55
critique 36
critiquer 34, 36
croire 34
cuillère 18

cuillerée 62
cuir 65
cuisine 18, 25
cuisinière 18
curieux 11
cycliste 20, 27

D

danger 56
dangereux 10
danser 21, 23
date 37, 60
debout 7
début 7
décennie 59
décider 14
déclarer 36
décoller 43
décorateur 10
décrire 1, 37
décrocher (*combiné*) 38
déçu 12
défendre 34, 54, 55
dégoûtant 13, 63
degré 30
déjà 57
déjeuner 17, 45
délicieux 13
demain 40, 58
demander 32, 66
demi 62
demi-heure 17
demi-pension 45
démocratie 35
dent 4
dentifrice 15
dentiste 6, 10
déodorant 3
départ 42
dépêcher (se) 7, 44
dépenser 19, 33
depuis (que) 60
dérangement 38
dernier 58
derrière (*corps*) 4
derrière (*préposition*) 66
descendre 7, 42
description 1
désert 28, 43
déshabiller (se) 15
désirer 14
désolé 11, 12
dessert 17
dessin 21, 32
dessin animé 23
dessous 66
détester 14
dettes 33
deux 61
devant 66
devenir 10

déviation 27
devoirs 15, 32
différence 14
difficile 10, 63
dinde 17, 29
dîner (*nom*) 17, 45
dîner (*verbe*) 15, 45
diplôme 10, 32
dire 36
directeur 10, 32, 45
direction 44, 66
discothèque 23
discussion 36
discuter 34
disputer (se) 34
disque 23, 25, 39
disque compact 23
disquette 39
distributeur (automatique) 33
divorce 8
dix 61
docteur 6, 10, 53
documentaire 22
doigt 4
dommage 40, 52
donc 36
dormir 15
dortoir 45
dos 4
douane 41
douche 15, 25, 46
douleur 6
douloureux 6
douter 36
doux 13, 30, 63
douzaine 62
drap 15
drogue 34
droit : tout droit 66
droite 35, 66
drôle 13
dur 13, 63
durer 60

E

eau 17, 65
eau potable 46
échanger 19
échecs 21
éclair 30
école 32
école primaire 32
économies 33
écossais 50
Écosse 49
écouter 13, 22
écran 23
écraser 53
écrire 37, 51
édifice 26
éducation 32

égal 14, 62
église 26
élection 35
électricité 18
élégant 2
élève 32
e-mail 39
embarquer 43
embrasser 23
émission 22
émotion 12
empêcher 11
empirer 30
emploi 10
emploi du temps 32
employé 10
employeur 10
emporter 41
emprunt 33
emprunter 33
en (*lieu*) 8
en (*transport*) 44
enceinte 6
enchanté 40
encore 60
endormir (s') 15
énerver (s') 12, 36
enfant 9, 31
enfin 57
enlever 7
ennuyer (s') 21
ennuyeux 10, 11, 21
enregistrer ses bagages 43
enseignement 32
ensemble 23
ensoleillé 30
ensuite 15, 57
entendre 13
entièrement 36
entracte 23
entre 66
entrée (*repas*) 17
entreprise 10
entrer 7
entretien 36
enveloppe 37
envie : avoir envie de 14
envieux 11
environ 62
environnement 34
envoyer 37
épais 63
épaule 4
épeler 8
épicerie 19
épices 17
épicier 10
épilation 3
épinards 17

INDEX

éponge 32
épouse 8, 31
épouser 8
épouvantable 30, 63
époux 8, 31
épuisé 5
équipage 43
équipe 20
escalier 25
Espagne 49
espagnol 50, 51
espionnage 55
essayer 2
essence 27
essuyer 18
est 66
estomac 4
et 36
étage 8, 25
état 35
États-Unis 49
été 59
éteindre 22
étoile 48
étrange 11
étranger (*adjectif*) 50
étranger (*nom*) 34, 41
être 1
étroit 2, 63
études 10
étudiant 10, 32
étudier 32
euro 33
Europe 34, 49
européen 50
éveillé 5
exagérer 36
examen 32
examiner 6
excellent 63
excursion 21, 41
excuse 11
excuser (s') 36, 40
explosion 53
extraordinaire 63

F

fâché 12
facile 10, 63
facteur 10
faible 5
faim 5
falaise 48
famille 31
fatigué 5
faute 32
fauteuil 24, 25
fauteuil roulant 6
féliciter 40
femme 8, 31
femme de chambre 45

fenêtre 24, 25
fer 65
fer à repasser 18
fermé 45
fermer 7
fermeture Éclair® 2
ferry 47
fête 23
feu 46, 65
feuilleton 22
feutre 32
fichier 39
fier 11
fièvre 6
fil 21
fille 8, 31
film 22, 23
fils 31
fin 7, 63
finale 20
finir 7
fleur 28
fleuriste 19
fleuve 48, 49
flûte 21
foncé 64
fontaine 26
forêt 28, 48
formation 10
forme 63
forme : en forme 5
formidable 11
formulaire 37
fort 5
fou 11
four 18
fourchette 18
fragile 5
frais 63
fraise 17
framboise 17
français 50, 51
Français(e) 50
France 49
franchement 36
frapper 7
frein 27
freiner 27
frère 31
friandise 17
frigo 18
frites 17
froid 30, 63
fromage 17
frontière 41
fruit 17
fumée 13, 16, 54
fumer 16
fumeur(s) 16, 42
furieux 12

fusil 55
futur 60

G

gagner (*jeu*) 20, 21
gagner (*salaire*) 10
gai 11
gallois 50
gant de toilette 15
gants 2
garage 25
garage (*réparation*) 27
garçon 8
garçon (*café*) 23
gare 26, 42
garer (se) 27
gare routière 44
gâteau 17
gauche 35, 66
gaz 18, 65
geler 30
gendre 31
généralement 36
genou 4
gentil 11
géographie 32
geste 7
glace 17, 30
golf 20
gomme 32
gorge 4
goût 13, 17
goûter 13
gouvernement 35
grâce à 36
grammaire 32, 51
gramme 62
grand 1, 2, 63
Grande-Bretagne 49
grand magasin 19
grand-mère 31
grand-père 31
gratuit 19
grave 6, 53
grève 10
grippe 6
gris 1, 3, 64
gros 1, 63
grossesse 6
groupe 41
guerre 34, 54
guichet 23, 37, 42
guide 41
guitare 21
gymnase 32
gymnastique 20, 32

H

habiller (s') 15
habitant 26
habiter 8, 25

haine 14
haïr 14
handicapé 6
haricots verts 17
hasard 52
haut 63
haut : en haut 25
hebdomadaire 22, 60
herbe 28
hésiter 14
heure 40, 42, 57
heureux 11
hier 58
histoire 32, 60
hiver 59
hockey 20
homme 8
honnête 11
hôpital 6
horaire 42
hôte 23
hôtel 45
hôtel de ville 26
hôtesse de l'air 10, 43
huile 17, 27
humeur 11
humide 63
hygiène 6

I

identité 8
île 48, 49
îles Anglo-Normandes 49
imagination 56
imaginer 56
immédiatement 57
immeuble 25
immigré 34
imperméable 2
important 10, 63
imprimante 39
incendie 53, 54
industrie 10
infirmière 6, 10
informations 22, 43
informer 36
innocent 55
inquiet 12
inquiéter (s') 12
insecte 29
intelligent 11
intention 10
interdire 11
intéressant 10, 21
intéresser (s') 10, 21, 41
Internet 39
interprète 10
interview 22
inutile 63

268

INDEX

invitation 23
inviter 23
irlandais 50
Irlande 49
Irlande du Nord 49
itinéraire 41
ivre 53

J
jaloux 11
jamais 57, 60
jambe 4
jambon 17
jardin 25
jardinage 21
jaune 64
jeter 7
jeu 21, 24
jeune 1, 9
jeune fille 9
jeune homme 9
jeunesse 9
joie 12
joli 1, 63
jouer 15, 20, 21
jouet 21, 24
joueur 20
jour 57, 58
jour de fête 59
jour de l'An 59
jour férié 59
journal 22
journal (intime) 24
journal télévisé 22
journaliste 10
journée 57
joyeux 11
juge 10, 55
jupe 2
jus d'orange 17

K
kilo 62
kilomètre 62
Klaxon® 27

L
laboratoire 10, 32
lac 48
laid 1, 63
laine 65
laisser tomber 7, 52
lait 17
lampe 24, 25
lancer 7, 20
langue (*bouche*) 4
langue (*parlée*) 32, 51
lapin 29
large 2, 63
larme 12
latin 51
lavabo 25, 45

laver 18
lave-vaisselle 18
laver (se) 15
leçon 32
lecteur de CD 13
lecteur de disquettes 39
lecteur de DVD 22, 39
lecture 21
légende 56
léger 63
légume 17
lendemain 58
lentement 51
lessive 18
léthargique 5
lettre 37
levée 37
lever (se) 7, 15
lèvre 4
liberté 35
librairie 19
libre 42
licenciement 10
lieu : avoir lieu 52
ligne 37
ligne (*train, etc.*) 42, 44
limonade 17
liquide 63
lire 15, 21, 22, 51
liste 41
lit 15, 24, 25, 45
litre 62
livre 21, 24, 32, 62
livre sterling 33
locataire 25
locomotive 42
loi 35
loisirs 21
Londres 49
long 2, 3, 63
long : le long de 66
longtemp 57, 60
lorsque 57
louer (*locataire*) 8, 41
louer (*propriétaire*) 8
lourd 30, 63
loyer 25
lune 48
lunettes 1, 6
lunettes de soleil 47
lycée 32

M
machine à écrire 37
machine à laver 18

magasin 10, 19
magazine 22
magnétophone 25
magnétoscope 22, 25
magnifique 63
maillot de bain 2
main 4
maintenant 57
mairie 26
mais 36
maison 25
maître 32
mal 63
mal : faire mal 6
malade 5, 6
maladie 6
maladroit 5
mal au cœur 6
mal de mer 6
malgré 36
malheur 12
malheureux 11
maman 31
Manche 49
manger 17
manquer 52
manquer (*train, etc.*) 44
manteau 2
maquillage 3
marché 19
marcher 7
marée basse/haute 47
mari 8, 31
marié 8
marque 27
marquer 20
matelas 15
maths 32
matière (*école*) 32
matière (*tissu*) 65
matin 57
matinée 57
mauvais 11, 63
maux de tête 6
mécanicien 10, 27
médaille 20
médecin 6, 10
médecine 6
médicament 6
Méditerranée 49
meilleur 63
Meilleurs vœux ! 40
melon 17
même 14
menacer 55
ménage 18
ménagère 18
menu 23
mépris 14
mer 47, 48, 49

merci 40
mer du Nord 49
mère 31
merveilleux 63
mesurer 62
métal 65
météo 30
métier 10
mètre 62
métro 44
mettre 2, 7
mettre le couvert 18
meubles 24, 25
meurtre 34, 55
midi 57
miel 17
mieux 63
mieux : tant mieux 40
milieu 66
mille 61
million 61
mince 1, 63
ministre 35
minuit 57
minute 57
miroir 24, 25
mixeur 18
Mobylette® 27
mode 2
moderne 60, 63
moins 14, 62
mois 59
moitié 62
moment 57
monde 48
monnaie (*petite*) 19
monnaie (*pays*) 33
montagne 48, 49
monter 7
monter (*train*) 42
montre 2, 57
montrer 66
monument 26
moquette 25
morceau 62
mort 6, 53
mortel 53
mot 36, 37
moteur 27
mouche 29
mouchoir 2
mouillé 63
mourir 6
moustache 3
moutarde 17
mouton 17, 29
mouvement 7
moyen 2
mur 25
musée 26
musicien 23

INDEX

musique 21, 32

N
nager 20, 47
nageur 47
naître 8
national 35
naturel 65
naturellement 36
né 9
négociation 35
neige 30
neiger 30
nettoyer 18
neuf 63
neveu 31
nez 4, 13
nièce 31
Noël 40, 59
noir 1, 3, 64
nom 8
nombre 61
nom de famille 8
non 40
non-fumeur(s) 16, 42
nord 66
note 45
nouveau 63
nouvelles 22
noyer (se) 47, 53
nuage 30
nuageux 30
nuit 57
nuit : bonne nuit 40
numéro 8, 38, 61

O
obéir 11
occasion : d'occasion 19
occupé 38, 42
océan 48
odeur 13
œil 4, 13
œuf 17
office du tourisme 26, 41
offres d'emploi 10
offrir 23
oignon 17
oiseau 29
ombre 30, 47
oncle 31
ongle 4
opéra 23
opération 6
opératrice 38
opérer 6
opinion 36
opticien 19
optimiste 11
orage 30

orange (*couleur*) 64
orange (*fruit*) 17
orchestre 23
ordinateur 21, 25, 39
ordonnance 6
oreille 4, 13
oreiller 15
oser 11, 56
ou 36
où 66
ouïe 13
oublier 41, 52
ouest 66
oui 40
ouvreuse 10, 23
ouvrier 10
ouvrir 7

P
Pacifique 49
Pages Jaunes® 38
paie 10
pain 17
paire 2, 62
paix 34
pâle 1, 63
palier 25
panne 27
panneau d'information 42
pansement 6
pantalon 2
papa 31
papeterie 19
papier 65
papier peint 24, 25
Pâques 59
paquet 37
parapluie 2
parc 26
parce que 36
pardon ? 40
pardonner 11
parents 31
paresseux 11
parfait 63
parfois 57, 60
parfum 3
Paris 49
parking 45
parler 36, 51
parti politique 35
participer à 21
partir 7
pas 7
pas de 62
passage clouté 27
passager 43, 44
passé 60
passeport 41
passer (devant) 7
passer (se) 52

passer l'aspirateur 18
passer un examen 32
passe-temps 21
passionnant 21
pâté 17
pâtes 17
patient 11
pâtisserie 19
patron 10
patte 29
pauvre 11, 33
payer 10, 19, 33
pays 35, 48, 49
pays de Galles 49
paysage 28
péage 27
pêche (*fruit*) 17
pêche (*activité*) 20
pédale 27
peigne 3
peindre 21
peine : à peine 62
peintre 10
peinture 21
pellicule 21
pendant 57
pendule 57
penser 34
pension 45
pension complète 45
Pentecôte 59
perdre 20, 21, 52
perdre (se) 52
père 31
permettre 11
permis de conduire 27
persuader 36
pessimiste 11
peser 1, 37, 62
petit 1, 2, 63
petit déjeuner 15, 17, 45
petit(e) ami(e) 31
petite-fille 31
petit-fils 31
petit gâteau 17
petits pois 17
peu : un peu (de) 62
peuple 35
peur 12
peut-être 36
phares 27
pharmacie 19
pharmacien 10
photo 21
photographie 21
phrase 37

physique 32
piano 21
pièce (*chambre*) 25
pièce (de théâtre) 23
pied 4
piéton 27
pigeon 29
pilote 43
pilule 6
pique-nique 17
piqûre 6
pire 63
piscine 20
piste 20
piste (*aéroport*) 43
placard 24, 25
place (*siège*) 42
place (*ville*) 26
placer 7
plafond 24
plage 47
planète 48
plante 28
plastique 65
plat 63
plat principal 17
plein 62
pleurer 12
pleuvoir 30
plombier 10
pluie 30
plupart : la plupart (de) 62
plume 29
plus 14, 62
plus de 62
plusieurs 62
plutôt 1, 63
pluvieux 30
pneu 27
poche (*vêtement*) 2
poêle 18
poème 21, 32
poésie 21
poids 62
point cardinal 66
pointure 2, 19
poire 17
poireaux 17
poisson 17, 29
poitrine 4
poivre 17
poli 11
police 53, 55
policier 10, 55
politique 35
pomme 17
pomme de terre 17
pompier(s) 10, 53
pont 26
porc 17
port 26, 47
portable 39

INDEX

porte 24, 25
porte-bagages 42
porte d'entrée 25
portefeuille 33
porte-monnaie 33
porter 2
portière 27, 42
position 7
poste de police 26
poste de radio 22
poster (*affiche*) 24
poster (*verbe*) 37
potage 17
poubelle 25, 46
pouce 4
poule 29
poulet 17
pour 34
pourboire 23, 45
pousser (*plante*) 28
pousser (*qn, qch*) 7
préférer 14
premier 61
première (classe) 42
Premier ministre 35
premiers secours 53
prendre 7, 66
prénom 8
préparer 18
près : à peu près 62
présent 32
présenter 40
presque 36
presse 22
prêt 33
prêter 33
printemps 59
priorité 27
prison 26, 55
prix (*coût*) 19, 45
prix (*distinction*) 32
problème 34
prochain 58
produit 65
professeur 10, 32
profession 10
profond 63
programme 23
promenade 7, 21
promener (se) 21
promettre 36
prononcer 51
propre 63
propriétaire 8, 25
protestant 8
prouver 55
prudent 11
publicité 22
puis 57

pull(-over) 2
punir 11, 32
pupitre 32
pyjama 2
Pyrénées 49

Q
quai 26, 42
qualité 63
quand 57, 60
quantité 62
quart 62
quart d'heure 57
quartier 26
quelque chose 62
quelques 62
question 32
queue (*animal*) 29
quotidien 60

R
raccommoder 18
raccrocher 38
raconter 36
radio 22
radio-réveil 24
ragoût 17
raisin 17
ralentir 27
ranger 18
râper 18
rappeler 38
rare 62
rarement 57
raser (se) 3, 15
rasoir 3
rayon 19
réception 45
recette 21
recevoir 37
réchaud 46
réclamation 45
recommandé : en recommandé 37
récompense 52
reconnaître 52
récréation 32
réduction 44
réfugié 34
refuser 10
regarder 13
regarder (*télévision*) 22
région 26, 48, 49
règle 32
reine 35
religion 8
rembourser 33
remercier 40
remorque 27, 46
remplir 62
rémunération 10
rencontrer 8
rendez-vous 6
renseignements (*téléphone*) 38
rentrer 7, 15, 23
renverser 52
renvoyer 37
réparations 27
réparer 27
repas 17
repasser 18
répéter 51
répondeur 38
répondre 32, 36, 37
réponse 32
reposer (se) 7, 15
reptile 29
république 35
réseau 44
réservation 41, 42
réserver 23, 41, 42
restaurant 23
rester 7
résultat 32
retard 43
retour 7
retourner 7
retourner (se) 7
retrouver 52
réussir ses examens 32
rêve 56
réveil 56
réveiller (se) 15
revenir 7
rêver 56
réviser 32
revoir : au revoir 40
revue 21, 22
rez-de-chaussée 25
rhume 6
riche 33
rideau 24
rien 62
rire 7, 12
risque 56
rivière 48
riz 17
robe 2
robinet 25
roi 35
rond 63
rond-point 27
rose 28
rôti 17
roue 27
rouge 64
route 27
routier 27
roux 3
Royaume-Uni 49
rue 26, 27

S
sac 19
sac à dos 41
sac à main 2
sac de couchage 46
saignant 17
saigner 6
sain 5
Saint-Sylvestre 59
saison 59
salade 17
salaire 10
sale 63
salé 17
salle à manger 25, 45
salle de bains 25, 45
salle de classe 32
salon 25
saluer 40
salut 40
sandales 2
sang 4, 6
sans 36
santé 5, 6, 40
sauce 17
saucisse 17
sauf 36
sauter 7, 20
sauver 54, 55
savoir 32
savon 15
scène 23
scie 21
sciences 32
séance 23
seau 46, 47
sec 30, 63
sèche-linge 18
seconde 57
secours 53, 54
secrétaire 10
Seine 49
sel 17
semaine 58
semblable 14
sembler 1
sens 13
sentir 13
sentir (se) 5
séparé 8
sérieux 11
serpent 29
serrure 27
serveur 10
service 45
service compris 23
serviette 15
servir 20
sexe 8
shampoing 3

INDEX

short 2
sida 6
siècle 59
signature 8
signe 7
signer 8
silencieux 13
s'il vous plaît 40
simple 63
ski 20
skier 20
slip 2
sœur 31
socialisme 35
soif 5
soir 57, 58
soirée 57
soldat 10, 54
soldes 25
soleil 30, 48
solide 63
sombre 13
sommeil 5, 15
sommet 48
son 13
sonner 38
sonnette 25
sortie 7, 44
sortir 7, 23
souci 12
soudain 57
souffrir 6
souhaiter 14, 40
soupe 17
sourd 6, 13
sourire 7
sous-sol 25
sous-titre 23
souvent 57
spectacle 23
spectateur 23
sport 20
sportif 20
stade 20
statue 26
stupide 11
style 37
stylo 32
sucre 17
sud 66
suisse 50
Suisse 49
suivre 7, 66
sujet 36
superbe 63
supermarché 19
supplément 44
supposer 36
surlendemain 58
surprise 52
sympathique 11
syndicat 10

T

tabac 16
tabac-journaux 19
table 25
tableau (*école*) 32
tableau (*image*) 25
table de chevet 24
taille 2, 19, 63
taille-crayon 32
talon 2
Tamise 49
tant pis 40
tante 31
taper 37
tapis 24, 25
tard 57
tarte 17
tartine beurrée 17
tasse 18
taxi 27, 44
teint 1
télégramme 37
téléphone 38
télévision 22
témoin 53
température 30
tempête 30
temps 57
temps (*atmosphérique*) 30
tenir 7
tennis 20
tente 46
terrain 20
terrain de camping 46
terre 48, 65
terrorisme 34, 55
tête 4
thé 17
théâtre 23
thermomètre 30
timbre 21, 37
timide 11
tirer (*trainer*) 7
tirer (*fusil*) 20
tissu 65
toilette : faire sa toilette 15
toilettes 25, 42, 45, 46
toit 25
tomate 17
tomber 52
tonalité 38
tonnerre 30
tôt 57
toucher 7, 13
toujours 57, 60
tour (*architecture*) 26
tourisme 41
touriste 41
tourner 66

tous 62
tous les jours 58
tout 62
tout à fait 36
tout de suite 57
tout le monde 62
traduire 51
tragédie 23
train 42
transports en commun 44
travail 10
travailler 10
travaux 27
traverser 27
très 1, 63
tricot 21
triste 12
tristesse 12
tromper 36
tromper : se tromper de numéro 38
trop 1, 5, 62, 63
trottoir 27
trouver 52
T-shirt 2
tuer 55
tunnel 42

U

UE 35
un 61
université 32
urgence 38
usine 10, 26
ustensiles 18
utile 10, 63

V

vacances 10, 32, 41
vaccin 6
vache 29
vague 47
vaisselle 18
valise 41
vallée 48
variable 30
vase 25
veau 17, 29
vedette 23
véhicule 27
veille 58
veine 4
vélo 21
vendeur 10, 19
vendre 19, 33
venir 7
vent 30
vérifier 27
verre 18
vers 66
vert 1, 64

veste 2
vêtements 2
veuf 8
viande 17
vide 62
vidéo 21
vieux 1, 9, 63
village 26, 48
ville 26, 48
vin 17
vinaigre 17
violence 34
virement 33
vis 21
visage 4
visite 41
visiter 41
vitesse 27
vitrine 19
vivant 6
vivre 8
vocabulaire 32, 51
voile 47
voir 13
voisin(e) 31
voiture 27, 42
vol 43, 55
voler 43
voleur 55
vomir 6
vote 35
vouloir 14
voyage 41
voyage : bon voyage ! 40
voyager 41
voyageur 42
vraiment 36
vue 13, 45

W

wagon 42
wagon-lit 42
wagon-restaurant 42
W.-C. 25

Y

yaourt 17
yeux 1

Z

zéro 61
zone industrielle 26